HAIMO SCHACK

Zur Anknüpfung des Urheberrechts
im internationalen Privatrecht

Schriften zum Internationalen Recht

Band 16

Zur Anknüpfung des Urheberrechts im internationalen Privatrecht

Von

Dr. Haimo Schack

DUNCKER & HUMBLOT / BERLIN

Alle Rechte vorbehalten
© 1979 Duncker & Humblot, Berlin 41
Gedruckt 1979 bei Buchdruckerei A. Sayffaerth - E. L. Krohn, Berlin 61
Printed in Germany
ISBN 3 428 04409 6

Vorwort

Die Arbeit lag der Rechtswissenschaftlichen Fakultät der Universität zu Köln im Sommersemester 1978 als Dissertation vor. Bis Januar 1979 veröffentlichte Rechtsprechung und Literatur wurden soweit möglich noch berücksichtigt.

Mein besonderer Dank für vielfältige Anregungen und Förderung gilt an dieser Stelle meinem Doktorvater, Herrn Prof. Dr. Alexander Lüderitz, und den Herren Prof. Dres. Heinz Hübner und Gerhard Kegel. Herrn Prof. Dr. J. Broermann danke ich für die freundliche Aufnahme dieser Arbeit in die Reihe der „Schriften zum Internationalen Recht".

Dormagen, im Juli 1979

Haimo Schack

Inhaltsverzeichnis

Einführung 15
  Gegensatz von urheberrechtlicher und kollisionsrechtlicher Betrachtungsweise (1./2.) S. 15 — Einheitliche Anknüpfung als unvermindert aktuelles Prinzip (3.) S. 16 — Gang der Untersuchung (4.) S. 16 — Abgrenzung von anderen Immaterialgüterrechten (5.) S. 16

I. Quellen des Kollisionsrechts 18
  Unterschied von Urheberrecht und Werkstück (6.) S. 18 — Überblick (7.) S. 18

  1. §§ 120 ff. URG 18
      Sachnormen mit eigener einseitiger Kollisionsnorm? (8.) S. 18 — Versteckte Kollisionsnorm? (9.) S. 19

  2. Territorialitätsprinzip (10.) 19
      a) Begriff 20
          Im Sinne des Völkerrechts (11.) S. 20 — Zur Bezeichnung des Ursprungslandes (12.) S. 20 — Als Gegensatz zum Universalitätsprinzip. Zum Ursprung des Territorialitätsprinzips (13.) S. 20
      b) Inhalt des Territorialitätsprinzips 21
          Keine kollisionsrechtliche Aussage (14.) S. 21 — Unabhängigkeit der Schutzrechte (15.) S. 22 — Ergebnis (16.) S. 22
      c) Kritik an der Geltung des Territorialitätsprinzips für das Urheberrecht 23
          Historisch überholtes Prinzip (17.) S. 23 — Unangemessenheit für das Urheberrecht (18./19.) S. 23 — Unvereinbarkeit mit europäischem Gemeinschaftsrecht (20.) S. 24
      d) Exkurs: Internationales Zivilprozeßrecht 25
          Gerichtsbarkeit (21.) S. 25 — Internationale Zuständigkeit (22.) S. 26 — Ergebnis (23.) S. 26

  3. Die internationalen Konventionen (24./25.) 27
      a) Mindestrechte (26.) 27
      b) Inländerbehandlung (27.) 28
          Zum Wortlaut des Art. 5 II RBÜ (28./29./30./31.) S. 28 — Art. 5 III BRÜ (32.) S. 30 — Lücke im Konventionsschutz im Fall der lex loci delicti (33.) S. 31 — Unterschied in der Formulierung

zu Art. II 1 WUA (34.) S. 31 — Entstehungsgeschichte (35./36.) S. 32 — Ergebnis (37.) S. 33

 c) Übereinkunft von Montevideo (38.) 34

 d) Rom-Abkommen (39.) 34

 e) Ergebnis (40.) 34

4. Gewohnheitsrecht (41.) 35

II. Anknüpfungsmöglichkeiten 36

1. Natur des Urheberrechts (42./43.) 36

2. Anknüpfung in Anlehnung an andere Rechte? 37

 Forderungen (44.) S. 37 — Sacheigentum (45.) S. 37 — Folgerungen aus dem Fehlen einer tatsächlichen Belegenheit des Urheberrechts (46.) S. 38

3. Lex fori 38

 Meinungsstand (47.) S. 38 — Einfachste Lösung (48.) S. 39 — „Bestes" Recht (49.) S. 39 — „Forum-shopping" (50.) S. 39 — Retorsionsbestimmungen als zwangsläufige Folge (51.) S. 39

4. Lex loci delicti 40

 „Mitleid" mit dem Täter (52.) S. 40 — Schutzland bei Feststellungsklagen? (53.) S. 41 — Irreführende Argumente (54.) S. 41

5. Einwände gegenüber einer uneinheitlichen Anknüpfung (55.) 42

 a) Interessen 42

  Parteinahme zugunsten der Verwerter durch die lex loci delicti (56.) S. 42 — Keine Rechtfertigung durch die Monopoltheorie (57.) S. 42 — Interessen der Urheber (58.) S. 43

 b) Verwertungsschwierigkeiten bei uneinheitlicher Anknüpfung 43

  Grundsatz der Anerkennung im Ausland entstandener Rechte (59.) S. 43 — Folgen bei dessen Nichtgeltung im Urheberrecht (60.) S. 44 — Erste Inhaberschaft des Urheberrechts an einem Filmwerk (61.) S. 44 — Erste Inhaberschaft bei Arbeitnehmerwerken; Ungeeignetheit des Vertragsstatuts (62./63.) S. 45 — Miturheberschaft (64.) S. 46 — Übertragbarkeit des Urheberrechts (65.) S. 46

 c) Schlußfolgerung (66.) 47

6. Einwände gegenüber einer einheitlichen Anknüpfung 48

 Schwierigkeit der Feststellung des Ursprungslandes (67.) S. 48 — Praktikabilität des Rechts des Schutzlandes (68.) S. 48 — Häufung der Einschränkungen des Urheberrechts als Folge einer Anknüpfung an das Ursprungsland? (69.) S. 48 — Ergebnis (70.) S. 49

7. Herstellungsort 49
   Grundgedanke (71.) S. 49 — Einwände (72./73.) S. 49

8. Personalstatut des Urhebers (74.) 50
   a) Veröffentlichte Werke (75.) 50
   b) Unveröffentlichte Werke 51
      Unterschied in der Sachlage (76.) S. 51 — Bestimmung des Personalstatuts (77.) S. 51 — Mehrfache Staatsangehörigkeit des Urhebers (78.) S. 51 — Miturheberschaft von Angehörigen verschiedener Staaten (79.) S. 51 — Staatsangehörigkeitswechsel (80./81.) S. 52 — Tod des Urhebers (82.) S. 53 — Ergebnis (83.) S. 53

9. Lex publicationis 53
   a) Bedeutung der ersten Veröffentlichung 53
      Grundgedanke (84./85.) S. 53 — Interessen (86.) S. 54 — Ort der Veröffentlichung (87.) S. 55 — Zeit der Veröffentlichung (88.) S. 55
   b) Inhalt des Veröffentlichungsbegriffs 56
      Uneinheitliche Verwendung des Begriffs (89.) S. 56 — Beispiele (90.) S. 56 — Kollisionsrechtliche Fragestellung (91.) S. 57 — Fallbetrachtung (92./93./94.) S. 57 — Ergebnis (95.) S. 59
   c) Filmwerke (96./97.) 60

10. Zusammenfassung (98.) 61

III. Einzelfragen des Urheberrechts 62

1. Grundsätzliches (99.) 62
   Schutz der Verwerter durch den ordre public? (100.) S. 62 — Schutz durch eine eigene Kollisionsnorm für Teilbereiche des Urheberrechts (101.) S. 63

2. Entstehen des Urheberrechts 63
   Überblick (102.) S. 63 — Kreis der geschützten Werke (103./104.) S. 63 — Erfordernis der körperlichen Festlegung (105.) S. 65 — Formfreiheit (106.) S. 65 — Erste Inhaberschaft (107.) S. 66

3. Inhalt des Urheberrechts 67
   Urheberrechtliche Befugnisse (108./109./110.) S. 67 — Schranken (111.) S. 68 — Folgerecht (112.) S. 69

4. Übertragung des Urheberrechts 70
   Überblick (113.) S. 70 — Übertragbarkeit (114.) S. 70 — Verfügung (115.) S. 71 — Rückrufsrecht (116.) S. 72 — Form (117.) S. 72 — Gutgläubiger Erwerb (118.) S. 73 — Register (119.) S. 74 — Vererbung (120.) S. 75

5. Staatliche Eingriffe, insbesondere Enteignung des Urheberrechts 76

Voraussetzungen der Anerkennung (121./122.) S. 76 — Ordre public; Enteignungsmodalitäten (123./124.) S. 78 — Zwangslizenz (125.) S. 80 — Zwangsvollstreckung (126.) S. 80

6. Erlöschen des Urheberrechts 81

Ablauf der Schutzfrist (127.) S. 81 — Eintritt durch Enteignung im Ursprungsland (128.) S. 82 — Verzicht (129.) S. 82 — Kulturabgabe; Schutzfristverlängerung (130.) S. 83

7. Verletzung des Urheberrechts 83

Grundsatz (131.) S. 83 — Zur Bestimmung des Erfolgsortes (132.) S. 84 — Zur Anwendbarkeit der Verordnung vom 7. 12. 1942 (133.) S. 84

Schlußbetrachtung (134./135./136.) 86

Regelungsvorschlag (137.) 88

Literaturverzeichnis 89

Entscheidungsverzeichnis 96

Abkürzungsverzeichnis

a. A.	=	anderer Ansicht
abl.	=	ablehnend
AcP	=	Archiv für die civilistische Praxis
All E.R.	=	All England Law Reports
Anm.	=	Anmerkung
Art., Artt.	=	Artikel
Aufl.	=	Auflage
AWD	=	Außenwirtschaftsdienst des Betriebs-Beraters
BerlF	=	RBÜ, Berliner Fassung von 1908
BGB	=	Bürgerliches Gesetzbuch
BGBl	=	Bundesgesetzblatt
BGH	=	Bundesgerichtshof
BrF	=	RBÜ, Brüsseler Fassung von 1948
brit.	=	britisch
BÜ	=	Berner Übereinkunft von 1886
BVerfG E	=	Bundesverfassungsgericht Entscheidungen
Cass.	=	Cour de Cassation (frz., wenn nicht anders angegeben)
Ch.D.	=	Chancery Division
Clunet	=	Journal de droit international
D.	=	Recueil Dalloz
DdA	=	Droit d'Auteur
Diss.	=	Dissertation
D.S.	=	Recueil Dalloz Sirey
EGBGB	=	Einführungsgesetz zum BGB
Einf.	=	Einführung
Einl.	=	Einleitung
EWGV	=	Vertrag zur Gründung der Europäischen Wirtschaftsgemeinschaft
fasc.	=	fascicule
frz.	=	französisch
Fschr.	=	Festschrift
Gaz.Pal.	=	La Gazette du Palais
GRUR	=	Gewerblicher Rechtsschutz und Urheberrecht
GRUR Int.	=	GRUR, Internationaler Teil
GVÜ	=	Übereinkommen über die gerichtliche Zuständigkeit und die Vollstreckung gerichtlicher Entscheidungen in Zivil- und Handelssachen, BGBl 1972 II 774
h. M.	=	herrschende Meinung
IPR	=	Internationales Privatrecht
IPRspr	=	Die deutsche Rechtsprechung auf dem Gebiete des internationalen Privatrechts
irl.	=	irisch

it.	= italienisch
i. V. m.	= in Verbindung mit
J.Cl.civ.ann.	= Juris-Classeur civil annexes
J.Cl.dr.int.	= Juris-Classeur de droit international
J.C.P.	= Juris-Classeur Périodique
J.O.	= Journal Officiel
LG	= Landgericht
lit.	= Buchstabe
LUG	= Literatururheberrechtsgesetz von 1907
m. w. N.	= mit weiteren Nachweisen
nied.	= niederländisch
NJW	= Neue Juristische Wochenschrift
nouv.rev.	= Nouvelle Revue de droit international privé
Nr.	= Nummer
OGH	= Oberster Gerichtshof (öst.)
OLG	= Oberlandesgericht
öst.	= österreichisch
PF	= RBÜ, WUA, Pariser Fassung von 1971
prop.ind.	= La Propriété Industrielle
PVÜ	= Pariser Verbandsübereinkunft von 1883 zum Schutze des gewerblichen Eigentums
RabelsZ	= Rabels Zeitschrift für ausländisches und internationales Privatrecht
RBÜ	= Revidierte Berner Übereinkunft zum Schutz von Werken der Literatur und Kunst, wenn nicht anders angegeben in der Pariser Fassung von 1971 (BGBl 1973 II 1071)
RC	= Recueils des Cours
rev.crit.	= Revue critique de droit international privé
rev.trim.dr.com.	= Revue trimestrielle de droit commercial
RG	= Reichsgericht
RGBl	= Reichsgesetzblatt
RIDA	= Revue Internationale du Droit d'Auteur
Rom-Abk.	= Internationales Abkommen über den Schutz der ausübenden Künstler, der Hersteller von Tonträgern und der Sendeunternehmen von 1961 (BGBl 1965 II 1243)
RomF	= RBÜ, Fassung von Rom 1928
S.	= Seite; Recueil Sirey
s. o./u.	= siehe oben/unten
Schulze	= Rechtsprechung zum Urheberrecht, Entscheidungssammlung mit Anmerkungen, München
schwJZ	= schweizerische Juristenzeitung
SJZ	= Süddeutsche Juristen-Zeitung
St	= Entscheidungen in Strafsachen
trav.com.fr.dr.int.pr.	= travaux du comité français de droit international privé
Trib.civ.	= Tribunal civil
Trib.Gr.Inst.	= Tribunal de Grande Instance
ÜbvM	= Übereinkunft von Montevideo betreffend den Schutz von Werken der Literatur und Kunst von 1889 (RGBl 1927 II 95)

Ufita	= Archiv für Urheber-, Film- und Theaterrecht
URG	= Urheberrechtsgesetz, wenn nicht anders angegeben das deutsche
U.S.	= United States Supreme Court Reports
u. U.	= unter Umständen
Vorentwurf Schuldrecht	= Kommission der Europäischen Gemeinschaften: Vorentwurf eines Übereinkommens über das auf vertragliche und außervertragliche Schuldverhältnisse anwendbare Recht; abgedruckt u. a. in: Ulmer, Gutachten
WUA	= Welturheberrechtsabkommen von 1952, wenn nicht anders angegeben in der Pariser Fassung von 1971 (BGBl 1973 II 1111)
WZG	= Warenzeichengesetz
Z	= Entscheidungen in Zivilsachen
ZfRV	= Zeitschrift für Rechtsvergleichung
ZPO	= Zivilprozeßordnung

Einführung

1. Welchem Recht unterliegt das Urheberrecht im Falle eines Sachverhalts mit Beziehungen zum Ausland? Dieser Frage wurde im deutschen Recht bis vor kurzem auffallend wenig nachgegangen. Die Gründe hierfür dürften folgende sein:

In dem Dschungel von Bestimmungen der sich vielfach überlagernden internationalen Konventionen und des nationalen Rechts arbeiten die Urheberrechtler an praktischen Lösungen und richten dabei ihr Hauptaugenmerk naturgemäß auf die urheberrechtlichen Sachnormen.

Im Gegensatz dazu ist den Kollisionsrechtlern in erster Linie daran gelegen, einem Sachverhalt ein materielles Recht zuzuordnen, dessen Anwendung der internationalprivatrechtlichen Gerechtigkeit[1] am besten entspricht. Verständlich also, daß die Kollisionsrechtler wenig Lust verspüren, in den urheberrechtlichen Dschungel einzudringen. So behandeln sie denn die Anknüpfung des Urheberrechts im internationalen Privatrecht — wenn überhaupt — nur am Rande[2].

2. Wen wundert es, daß bei derart verschiedenen Ausgangspunkten entgegengesetzte Lösungswege eingeschlagen werden?

Die Urheberrechtler pochen zumeist auf eine Anknüpfung an das Recht des jeweiligen Schutzlandes[3] und berufen sich dabei auf die entsprechenden Regelungen der internationalen Konventionen[4]. Es stört sie dabei nicht, daß das Urheberrecht mehreren Rechtsordnungen gleichzeitig unterworfen wird.

Das aber widerstrebt stark den Kollisionsrechtlern, die auf ein Recht eine einzige Rechtsordnung angewandt wissen wollen[5]. In der Tat läßt sich anders, sieht man von der Möglichkeit eines international einheitlichen Rechts ab, das Ideal des Kollisionsrechts, ein internationaler Entscheidungseinklang, auch nicht erreichen.

---

[1] Vgl. *Kegel*, IPR, 54 f.
[2] Eine Ausnahme insoweit *Raape*, IPR, 634 ff.
[3] Zu der Zweideutigkeit dieses Begriffes s. u. Nr. 30.
[4] Vgl. *Ulmer*, Gutachten, Nr. 15 und passim.
[5] Vgl. *Neuhaus*, RabelsZ 40 (1976) 191 f.; *Drobnig*, ebd. S. 197. Vgl. auch unten Nr. 66 Fn. 82.

16 Einführung

Bezeichnend für diesen grundsätzlichen Gegensatz zwischen Kollisionsrechtlern und Urheberrechtlern ist, daß er — ausgeprägter noch — gleichfalls im französischen Recht auftritt[6].

3. Wenn *Ulmer*[7] behauptet, der Versuch einer einheitlichen Anknüpfung des Urheberrechts sei als in der Rechtsentwicklung gescheitert anzusehen, so kann ihm darin nicht zugestimmt werden. Die durch sein Gutachten ausgelöste Diskussion in Deutschland[8] sowie die seit Jahrzehnten unvermindert andauernden Kontroversen in Frankreich beweisen das Gegenteil.

Ein Blick auf das im Ausland kodifizierte geltende[9] oder geplante[10] Kollisionsrecht zeigt, daß, sofern es sich des Urheberrechts überhaupt annimmt, vielfach sogar eine einheitliche Anknüpfung derjenigen an das Recht des Schutzlandes vorgezogen wird[11].

Das von *Ulmer* bereits totgesagte Prinzip der einheitlichen Anknüpfung lebt also noch.

4. Die folgende Untersuchung soll die Vorzüge und Nachteile dieses Prinzips sowie die der anderen denkbaren Möglichkeiten aufzeigen, das Urheberrecht im internationalen Privatrecht anzuknüpfen.

Nach der Überprüfung des geltenden Urheberrechts auf seinen kollisionsrechtlichen Gehalt folgt eine grundsätzliche Abwägung der möglichen Anknüpfungsmomente. Abschließend soll dann die Reichweite des befürworteten Urheberrechtsstatuts bestimmt werden.

5. Andere Immaterialgüterrechte, wie z. B. das Patent- oder Gebrauchsmusterrecht, das Geschmacksmuster- oder Warenzeichenrecht, werden in die vorliegende Untersuchung nicht einbezogen. Diese Rechte setzen nämlich regelmäßig bei ihrer Entstehung — im Gegensatz zum Urheberrecht — die unmittelbare Mitwirkung eines Staates voraus[12].

---

[6] *Plaisant*, J.Cl.civ.ann. fasc. 21 Nr. 25 m. w. N.

[7] Gutachten, Nr. 13.

[8] Vgl. *Neuhaus*, RabelsZ 40 (1976) 191 ff.; *Drobnig*, 195 ff.; *Martiny*, 218 ff.; *Ulmer*, RabelsZ 41 (1977) 479 ff. Vgl. auch *Troller*, Studi, 1125 ff.

[9] *Portugal:* Art. 48 I *Código civil* vom 25. 11. 1966 (RabelsZ 32 [1968] 513 ff.); vgl. auch Art. 108 des *Código Bustamante* von 1928. — Für das Recht des Schutzlandes: *Spanien:* Art. 10 Nr. 4 Código civil, Dekret vom 31. 05. 1974 (RabelsZ 39 [1975] 724 ff.).

[10] *Frankreich:* Art. 49 des ersten Projektes (rev.crit. 1950, 111 ff.) sowie Art. 2305 des dritten Projektes (rev.crit. 1970, 835 ff.; deutscher Text in ZfRV 12 [1971] 250 ff.). *Österreich:* § 32 des ersten Entwurfs; s. *von Schwind*, ZfRV 12 (1971) 161 ff.

[11] Der inzwischen aufgegebene Beneluxentwurf (Clunet 96 [1969] 358 ff.) nahm zum internationalen Urheberrecht nicht Stellung.

[12] Eine Ausnahme bildet u. a. im deutschen Recht das durch bloße Benutzung erworbene Recht an der Ausstattung, § 25 WZG.

Stellt diese wie z. B. bei der Patenterteilung einen Hoheitsakt dar, so kann die staatliche Mitwirkung auf die kollisionsrechtliche Behandlung der Rechte Auswirkungen haben, die nach einer gesonderten Untersuchung verlangen, für die hier der nötige Raum fehlt.

I. Quellen des Kollisionsrechts

6. Das Urheberrecht als Immaterialgut ist streng zu trennen von dem materiellen Träger, auf den es sich bezieht[1], z. B. dem Manuskript, der Plastik, dem Gemälde. Diese Sachen werden nach den allgemeinen Regeln der lex rei sitae unterstellt.

7. Für das Urheberrecht selbst kommen, da das EGBGB diesbezüglich schweigt, als Quellen des Kollisionsrechts in Betracht: die §§ 120 ff. URG, als ungeschriebener Rechtsgrundsatz das Territorialitätsprinzip, die internationalen Konventionen sowie Gewohnheitsrecht.

1. §§ 120 ff. URG

8. Die Bestimmungen der §§ 120 ff. URG werden allgemein als fremdenrechtliche angesehen[2], also als materielles Sonderrecht für Ausländer. Als Sachnormen fänden die §§ 120 ff. URG demnach nur dann Anwendung, wenn zuvor eine Kollisionsnorm auf das deutsche Recht verweisen würde[3]. Möglicherweise enthalten diese Sachnormen jedoch selbst schon eine eigene (einseitige) Kollisionsnorm[4].

Wenn der „Anwendungsbereich des Gesetzes" geregelt werden soll und es in § 120 I URG heißt: „Deutsche Staatsangehörige genießen den urheberrechtlichen Schutz für alle ihre Werke", so könnte diese Norm, entkleidet man sie ihres fremdenrechtlichen Gewandes, als Kollisionsnorm lauten: „Auf Werke eines deutschen Urhebers findet das deutsche Recht Anwendung." Entsprechend für § 121 I URG: „Auf in Deutschland erschienene Werke findet das deutsche Recht Anwendung."

---

[1] Corpus mechanicum, vgl. § 44 I URG; BGH 13. 10. 1965 („Apfelmadonna"), Z 44, 288, 293 f.; besonders deutlich Art. 202 URG (USA); Art. 29 I URG (frz.).

[2] *Ferid*, IPR, 7 - 108; *Staudinger / Korkisch*, Einl. EGBGB, 68; *Weber*, Diss., 53; *von Gamm*, § 121 URG, 1; *Samson*, UrhR, 238. Für die entsprechende Regelung der §§ 54, 55 LUG auch *Raape*, IPR, 642; *Wolff*, IPR, 110.

[3] Vgl. die Gedankenführung bei LG München I 21. 03. 1967, Ufita 54 (1969) 320, 322.

[4] Lois d'application immédiate. — Zu dieser Möglichkeit: *Neuhaus*, IPR, 105 f.; *Kegel*, Die selbstgerechte Sachnorm, in: Gedächtnisschrift Ehrenzweig, Karlsruhe, Heidelberg 1976, S. 51 ff. — Für §§ 120 ff. URG verneinend: *Mann*, Beiträge, 24; bejahend für die ähnliche Regel des Art. 185 URG (it.): *De Nova*, Fschr. Maury, 381.

Auf diese Weise ließe sich aus jeder fremdenrechtlichen Sachnorm eine Kollisionsnorm herauspräparieren[5]. Das setzt aber voraus, daß der Fremde von dem Genuß solcher Rechte ausgeschlossen werden soll, die ihrerseits der lex fori unterstehen. Ob sie dies tun, ist jedoch gerade die Frage. Fremden Schutz gewähren bedeutet nicht schon inländisches Recht anwenden.

9. Denkbar wäre auch, daß sich hinter § 120 I URG eine Kollisionsnorm versteckt[6]. Die praktische Brauchbarkeit einer aus dieser Vorschrift zu gewinnenden Kollisionsregel des Inhalts, daß das Urheberrechtsstatut durch die Staatsangehörigkeit des Autors bestimmt wird, sei dahingestellt[7]; eine solche Auslegung findet jedoch in der Entstehungsgeschichte des Gesetzes keine Stütze. Die Begründung des Regierungsentwurfs zu § 130 URG[8] erwähnt das Kollisionsrecht mit keinem Wort.

Im übrigen ergäbe sich bei einer Erweiterung des § 120 I URG zu einer allseitigen Kollisionsnorm ein Widerspruch mit dem ebenfalls zu erweiternden § 121 I URG für die im Ausland erschienenen Werke eines Deutschen. Erklärt man, um diesen Widerspruch aufzulösen, § 120 I URG deshalb insoweit zu einer nur den deutschen Urheber begünstigenden Exklusivnorm[9], so ließe sich aus den §§ 120 ff. URG als Urheberrechtsstatut das Recht des Erscheinungsortes des Werkes entnehmen. Eine Kollisionsnorm dieses Inhalts, obwohl mit guten Gründen vertretbar, entspricht indes nicht der in Deutschland herrschenden Auffassung[10]. In § 120 I URG kann man deshalb keine versteckte Kollisionsnorm sehen.

Die §§ 120 ff. URG stellen also eine bloß fremdenrechtliche Regelung dar und geben somit noch keine Antwort auf unsere Frage nach dem anwendbaren Recht.

2. Territorialitätsprinzip

10. Eine mögliche gewohnheitsrechtliche[11] Kollisionsnorm könnte das Territorialitätsprinzip bilden, das nach herkömmlicher Auffassung auch für das Urheberrecht gilt[12].

---

[5] Vgl. *Steindorff*, Sachnormen, 31 f.; *Francescakis*, rev.crit. 1966, 10 Fn. 1.
[6] Zu dem Begriff der „versteckten Kollisionsnorm" *Neuhaus*, IPR, 98 ff.
[7] Diese ist zu verneinen, s. u. Nr. 75.
[8] Bundestagsdrucksache IV/270.
[9] Vgl. *Neumeyer*, IPR, 27.
[10] Nach ihr ist die lex loci delicti maßgebend; s. u. Nr. 41.
[11] Eine gesetzliche Grundlage für dieses Prinzip existiert nicht; vgl. *Weigel*, Diss., 96 f.
[12] *BGH* 16.04.1975 („August Vierzehn"), Z 64, 183, 191; *OLG Koblenz* 14.07.1967 („Liebeshändel in Chioggia"), *Schulze* OLGZ Nr. 93; *OLG Ham-*

Dieses Prinzip zeichnet sich vor allem dadurch aus, daß es unklar und vieldeutig ist[13]. *Riezler*[14] und *Neuhaus*[15] bezeichnen es als „Schlagwort". Es erscheint oft als ein Passe-partout, den man in den unterschiedlichsten Zusammenhängen verwenden kann, ohne daß man dabei über seine jeweilige Bedeutung Rechenschaft ablegen müßte.

Deshalb sollen zunächst Begriff und Inhalt des Territorialitätsprinzips festgestellt werden. Danach soll gezeigt werden, daß dieses Prinzip keineswegs den axiomatischen Charakter hat, der ihm vielfach beigemessen wird.

a) Begriff

11. Abseits dieser Untersuchung liegt der völkerrechtliche Gehalt dieses Begriffes[16], denn im Bereich des internationalen Urheberrechts geht es nicht darum, auf dem Gebiet eines fremden Staates Hoheitsakte vorzunehmen[17].

12. Der Ausdruck „Territorialitätsprinzip" wird gleichfalls für die Anknüpfung des Urheberrechts an das Land der ersten Veröffentlichung des Werkes verwandt[18]. Man will damit ausdrücken, daß es sich um eine territoriale und keine personale Anknüpfung handelt[19].

13. In unserem Zusammenhang ist das Territorialitätsprinzip als Gegensatz zum Universalitätsprinzip zu verstehen im Sinne der Beschränkung der räumlichen Wirkung eines Gesetzes[20].

Historisch erklärt sich das Territorialitätsprinzip aus dem Privilegienwesen. Der Landesherr erteilte dem Verleger[21], um ihn vor fremdem Nachdruck zu schützen, ein Privileg, das naturgemäß nur

---

burg 08.10.1970 („Polydor"), GRUR Int. 1970, 377, 379 mit Anm. *Ulmer;* Cass. 29.07.1958, Schulze Italien Nr. 3; *Ulmer,* UrhR, 70; *Hubmann,* UrhR 74 f.; *von Gamm,* § 11 URG, 9; *Troller,* IPR, 67; *ders.,* ImGR I, 148 ff.; *Soergel / Kegel,* Anhang Art. 7 EGBGB, 14 und Art. 12 EGBGB, 43; *Schnitzer,* IPR II, 598; *Mackensen,* Verlagsvertrag, 60 ff., 65; *Réczei,* IPR, Nr. 152.

[13] Vgl. *Weigel,* Diss., 77 ff.; *Beier,* GRUR Int. 1968, 12; *Koppensteiner,* AWD 1971, 358.
[14] Räumliche Begrenzung, 4.
[15] IPR, 179.
[16] Dazu *Seidl-Hohenveldern,* Enteignungsrecht, 59.
[17] Zu der Frage, ob bei inländischen Entscheidungen über ein ausländisches Urheberrecht die Souveränität des fremden Staates berührt wird, s. u. Nr. 21.
[18] So oft in Zusammenhang mit Art. 2 ÜbvM; z. B. *Bappert / Wagner,* Kommentar, Einl. RBÜ, 6 und ÜbvM, 2; *Fromm / Nordemann,* § 121 URG, 4; *Möhring / Nicolini,* § 121 URG, 10 c; *Nordemann / Vinck / Hertin,* Einl. 26; *Mackensen,* Verlagsvertrag, 64.
[19] Vgl. zu dieser Bedeutung *Neuhaus,* IPR, 179 f.
[20] Vgl. *Neuhaus,* IPR, 179 f.; *Weigel,* Diss., 87 ff., 99.
[21] Erst später auch dem Autor.

innerhalb des eigenen Territoriums Geltung beanspruchen konnte. Man möchte nun annehmen, mit der Überwindung des Privilegienwesens durch die Lehre vom „geistigen Eigentum"[22] hätte auch das Territorialitätsprinzip seine Bedeutung verloren. Mitnichten!

Einen staatlichen Verleihungsakt für den Einzelfall gibt es zwar nicht mehr, doch, so sagt man, nun sei es das Gesetz selbst, das den Urheberrechtsschutz nur innerhalb seines Geltungsbereiches verleihe[23]; der Urheberrechtsschutz sei von „einer staatlichen Anerkennung und Ausgestaltung des Urheberrechts in positiven Rechtsnormen" abhängig und damit territorial begrenzt[24].

b) Inhalt des Territorialitätsprinzips

14. Der allgemein anerkannte Kern des Territorialitätsprinzips in unserem Sinne besteht in folgender Aussage: Ein inländisches Schutzrecht kann nur im Inland verletzt werden, ein ausländisches nur im Ausland[25]. Wir schützen also grundsätzlich ein ausländisches Urheberrecht nicht[26].

Wenn wir uns aber wie in der RBÜ und dem WUA vertraglich dazu verpflichten, ausländische Urheberrechte auch im Inland zu schützen, so beantwortet das Territorialitätsprinzip selbst nicht die Frage, nach welchem Recht sich das ausländische Urheberrecht bestimmt.

Ein Beispiel: Das Urheberrecht an einem in Frankreich veröffentlichten Werk eines Belgiers wird in Deutschland verletzt. Verpflichtet Art. 3 I RBÜ nun den deutschen Richter, auch dieses ausländische Urheberrecht zu schützen, so könnte es dem deutschen, französischen oder belgischen Recht unterliegen, ohne daß sich dabei für die eine oder andere Möglichkeit ein Argument aus dem Territorialitätsprinzip ergäbe. Der Grundsatz, daß wir ein ausländisches Urheberrecht nicht schützen, besagt nämlich für den Fall seiner Durchbrechung gerade nichts.

---

[22] Vgl. *Le Chapelier*, 1791: „La plus sacrée, la plus légitime ... la plus personnelle de toutes les propriétés est l'ouvrage, fruit de la pensée d'un écrivain."
[23] *Ulmer*, UrhR, 70; *ders.*, Gutachten, Nr. 14; *Nussbaum*, IPR, 337; *Schramm*, Grundlagen, 4 f.; *Mackensen*, Verlagsvertrag, 60.
[24] So *von Gamm*, Einf. URG, 29.
[25] Vgl. *Soergel/Kegel*, Anhang Art. 7 EGBGB, 14; *Neuhaus*, IPR, 184; *Raape*, IPR, 638 f.; *Kohler*, UrhR, 213 f.; *Beier*, GRUR Int. 1968, 12; *Koppensteiner*, AWD 1971, 359; *Martiny*, RabelsZ 40 (1976) 220; *Weber*, Diss., 16 ff.; *Bungeroth*, GRUR 1976, 458.
[26] Das Territorialitätsprinzip bedeutet freilich nicht, daß ein Sachverhalt unberücksichtigt bleiben muß, der sich zum Teil im Ausland abgespielt hat; vgl. BGH 22.01.1964 („Maja"), GRUR Int. 1964, 202, 204 mit Anm. *Beier*; OGH (öst.) 30.10.1970 („Agfa"), GRUR Int. 1971, 90 f. mit Anm. *Beier*; *Steindorff*, Sachnormen, 135 f.; *Ulmer*, Anm., GRUR Int. 1970, 380. — Ebensowenig wird die Anwendbarkeit ausländischen Rechts auf ein ausländisches Urheberrecht ausgeschlossen; s. auch unten Nr. 23.

15. Auch die allgemein aus dem Territorialitätsprinzip gefolgerte Unabhängigkeit der jeweiligen nationalen Schutzrechte an demselben Immaterialgut läßt keinen Schluß auf das anwendbare Recht zu. Das zeigt sich deutlich, wenn man den Beispielsfall dahingehend abwandelt, daß die Verletzungshandlung in Italien begangen und daraufhin in Deutschland Klage erhoben wurde[27].

Fallen lex fori und lex loci delicti auseinander, so bestehen voneinander unabhängige Urheberrechte in Frankreich, Belgien und aufgrund der RBÜ u. a. auch in Deutschland und Italien. In jedem dieser Länder wird das Urheberrecht geschützt. Doch welches Recht findet auf das Urheberrecht[28] Anwendung?

Dem deutschen Richter stellt sich die Aufgabe, ein fremdes Urheberrecht auch gegen eine Verletzung in Italien zu schützen. Die Tatsache, daß auch in Italien ein Urheberrecht besteht, führt noch nicht zwingend dazu, daß es dem italienischen Recht unterliegt. Für den italienischen Richter ist die Lage insoweit nicht anders als für den deutschen im Ausgangsfall. Doch auch zu einer Verweisung auf das italienische Recht mit der Möglichkeit eines Renvoi braucht es nicht zu kommen. Denn mit der Unabhängigkeit der Schutzrechte läßt sich auch die Geltung der lex fori vereinbaren, sowie die eines jeden anderen Rechts, das das deutsche Kollisionsrecht auf das u. a. in Italien bestehende Urheberrecht für anwendbar erklärt.

16. Dennoch spricht sich die herrschende Meinung[29] oft unter Berufung auf das Territorialitätsprinzip für die lex loci delicti aus. Die begriffliche Unschärfe, mit der das Territorialitätsprinzip oft verwendet wird, hat nämlich dazu geführt, daß es vielfach als nicht hinterfragter Geltungsgrund für eine urheberrechtliche Kollisionsnorm herhalten muß. So will man aus diesem Grundsatz ableiten, das Urheberrecht als Ganzes, nicht bloß die Ansprüche aus dessen Verletzung, richte sich nach dem Recht des Landes, in dem sich der Schutz auswirken soll[30], d. h., für dessen Gebiet ein unbefugter Eingriff in das Urheberrecht abgewehrt werden soll. Auf eine Formel gebracht: Urheberrechtsstatut = Deliktsstatut[31].

Die Untersuchung des Territorialitätsprinzips bzw. des Grundsatzes der Unabhängigkeit der jeweiligen nationalen Schutzrechte hat jedoch

---

[27] z. B. aufgrund des inländischen Wohnsitzes des Beklagten, § 13 ZPO.
[28] Nicht: auf dessen Verletzung.
[29] s. u. Nr. 41.
[30] *Ulmer*, Gutachten, Nr. 14 und 50; *von Gamm*, Einf. URG, 145; *Koppensteiner*, AWD 1971, 359; *Beier*, Anm. zu OGH (öst.), GRUR Int. 1971, 93. *Troller* sieht in dem Territorialitätsprinzip sogar in erster Linie eine kollisionsrechtliche Aussage; vgl. IPR, 48; ImGR I, 152 f.; Zwangsverwertung, 94 und 140.
[31] Vgl. *Steindorff*, Sachnormen, 134 f.: Konzentration der Anknüpfungen.

ergeben, daß sich daraus die Anwendbarkeit der lex loci delicti nicht herleiten läßt[32]. Die Geltung des Deliktsstatuts für das Urheberrecht beruht, wenn überhaupt, dann auf einer eigenen, möglicherweise gewohnheitsrechtlichen Kollisionsnorm[33].

Das Territorialitätsprinzip selbst herrscht einzig und allein auf dem Gebiet des materiellen Fremdenrechts[34].

c) Kritik an der Geltung des Territorialitätsprinzips für das Urheberrecht

17. Die mit der Unschärfe dieses Begriffs verbundene Gefahr, daß man dem Territorialitätsprinzip doch eine kollisionsrechtliche Aussage entnehmen zu können glaubt, läßt es angeraten erscheinen, die Richtigkeit dieses Grundsatzes selbst zu überprüfen.

Der historische Grund, das Privilegienwesen, ist fortgefallen[35]. Hat man einmal erkannt, daß es sich bei dem Urheberrecht um ein natürliches Recht, um „geistiges Eigentum" handelt[36], dann kann man sich nicht mehr darauf zurückziehen, dieses Recht existiere nur für den Bereich, in dem das Gesetz es schützen will[37]. Dem Urheberrecht als einem auf der schöpferischen Persönlichkeit beruhenden Recht entspricht vielmehr das Universalitätsprinzip und nicht das Territorialitätsprinzip.

Dem Einwand, die notwendige gesetzliche Ausgestaltung des Urheberrechts habe dessen territoriale Begrenzung zur Folge[38], ist entgegenzuhalten, daß auch wenn man das Urheberrecht weltweit anerkennt, man es doch den jeweiligen territorialen Einschränkungen unterwerfen kann, die der Sozialpflichtigkeit des Eigentums entsprechen[39].

18. Das Territorialitätsprinzip ist bestenfalls in dem Bereich sinnvoll, in dem der Staat bei der Entstehung des Rechts durch einen

---

[32] s. o. Nr. 14 f.
[33] Davon scheint auch *Ulmer* (Gutachten, Nr. 15) auszugehen, wenn er den konventionsrechtlichen Grundsatz der Inländerbehandlung als „wichtigsten Anstoß für die Durchsetzung der Lehre von der Anknüpfung an das Recht des Schutzlandes" bezeichnet, und nicht etwa das Deliktsstatut als zwangsläufige Folgerung aus dem Territorialitätsprinzip entnimmt.
[34] Gegen kollisionsrechtliche Folgerungen aus dem Territorialitätsprinzip ebenfalls: *Zweigert / Puttfarken*, GRUR Int. 1973, 574; *Nirk*, Fschr. Heusinger. 227 ff.; *Weigel*, Diss., 116.
[35] s. o. Nr. 13.
[36] Vgl. *RG* 01. 10. 1883, St 9, 109, 114; *BGH* 18. 05. 1955 („Grundig Reporter"), Z 17, 266, 278; *Hubmann*, UrhR, 69.
[37] s. o. Fn. 23.
[38] *von Gamm*, Einf. URG, 29.
[39] Vgl. dazu *von Bar*, IPR II, 249: „Modifikationen des Rechtsschutzes sind mit den Principien des internationalen Privatrechts weit eher vereinbar als absolute Leugnung eines Rechts der Ausländer oder absolute Versagung des Rechtsschutzes."

Hoheitsakt mitwirkt, wie z. B. im Patent- oder Warenzeichenrecht[40], nicht aber im Bereich des Urheberrechts, das unmittelbar mit der Werkschöpfung entsteht[41]. Für das Urheberrecht müßte sich das Universalitätsprinzip demnach am ehesten (wieder)[42] durchsetzen lassen[43], zumal wenn erkannt wird, daß sich für die territoriale Begrenzung des Urheberrechts „keine letztlich stichhaltige Begründung finden läßt"[44].

19. Das Festhalten am Territorialitätsprinzip gerät schließlich zum Selbstzweck, der das eigentliche Ziel des internationalen Urheberrechtsschutzes verbaut: die weltweite *Anerkennung* des Urheberrechts, — nicht wie bisher dessen wie auch immer begründete Verleihung[45].

20. Eine weitere Frage, die hier kurz angeschnitten werden soll, ist die, ob die Anwendung des Territorialitätsprinzips nicht auch gegen europäisches Gemeinschaftsrecht verstößt[46].

Solange nämlich die Schutzrechte territorial voneinander unabhängig sind, berührt ein Inverkehrbringen von Vervielfältigungsstücken im Ausland das inländische ausschließliche Verbreitungsrecht nicht[47]. Der Inhaber dieses Rechts könnte sich also bei Geltung des Territorialitätsprinzips erfolgreich dem Import ausländischer Vervielfältigungsstücke widersetzen[48]. Die Abriegelung der nationalen Märkte wäre die mit Artt. 85 f. EWGV unvereinbare Folge. Zu § 85 URG hat daher der *Gerichtshof der Europäischen Gemeinschaften* entschieden[49],

---

[40] s. o. Nr. 5.

[41] Letzteres einhellige Meinung; z. B. *BGH* 18.05.1955 (Fn. 36); vgl. auch Art. 1 I URG (frz.).

[42] Im Sinne des Universalitätsprinzips früher: *RG* 01.10.1883, St 9, 109, 114 (Nachdruck im Ausland); *RG* 02.10.1886, Z 18, 28, 33 (Warenzeichen). Abgrenzung gegenüber RGSt a.a.O.: *RG* 14.11.1894, Z 34, 46, 49 f. (Aufführung im Ausland). Abkehr vom Universalitätsprinzip für das Warenzeichen: *RG* 20.09.1927 („Hengstenberg"), Z 118, 76, 80 f. — Aus der Literatur: *Goldbaum*, UrhR, 225; für den Fall, daß die ausländische Verletzung Auswirkungen auf die Rechtsausübung im Inland haben kann (z. B. bei einem Nachdruck) auch *Allfeld*, Kommentar, 298.

[43] Vgl. *Raape*, IPR, 636.

[44] *Weber*, Diss., 25. Vgl. auch *Riezler*, räumliche Begrenzung, 20 ff.; ders., IZPR, 88; *Walter*, Vertragsfreiheit, 139 f. *Weigel* (Diss., 116 f.) will dennoch an dem Territorialitätsprinzip als einem angeblich unentbehrlichen Ordnungsprinzip festhalten, ohne jedoch diese Unentbehrlichkeit speziell für das Urheberrecht näher zu begründen. — Zu der Ansicht von *Troller* (Studi, 1132), das Territorialitätsprinzip sei sachlich begründet, s. u. Nr. 54.

[45] Vgl. *Nonnenmacher*, RC 134, 70. *Baum* (GRUR Int. 1963, 368) plädiert dafür, die RBÜ solle alle Urheber schützen, unabhängig von ihrer Staatsangehörigkeit und dem Ort der Erstveröffentlichung.

[46] Einschlägig sind insoweit Artt. 3 lit. a und f, 5, 30 ff., 85 f. EWGV.

[47] Erschöpfungsgrundsatz; vgl. *von Gamm*, § 17 URG, 11.

[48] Vgl. *OLG Hamburg* 08.10.1970 („Polydor"), GRUR Int. 1970, 377, 379.

[49] 08.06.1971 („Polydor"), Schulze EuGH Nr. 1, auf Vorlage des *OLG Hamburg* ebd.

daß es dem inländischen Schutzrechtsinhaber verwehrt ist, gegen ein Verbreiten von importierten Vervielfältigungsstücken vorzugehen, nachdem sie von ihm selbst oder einem berechtigten Dritten im Ausland in Verkehr gebracht worden sind[50].

Will man also die Freizügigkeit des Warenverkehrs in der Europäischen Gemeinschaft, so muß die territoriale Verleihung eines Schutzrechtes durch dessen Anerkennung ersetzt werden. Mit fortschreitender Integration nimmt deshalb der Zwang mehr und mehr zu, auf das Territorialitätsprinzip zu verzichten[51].

d) Exkurs: Internationales Zivilprozeßrecht

21. Ausgehend von der Vorstellung einer hoheitlichen Verleihung des Urheberrechts erblickte man in der Vergangenheit häufig Hindernisse für die Zulässigkeit von Klagen über die ausländische Verletzung oder den Bestand eines ausländischen Urheberrechts.

So hat man zum Teil in diesen Fällen das Bestehen der deutschen Gerichtsbarkeit generell geleugnet[52]. Diese könnte fehlen, wenn eine gerichtliche Entscheidung einen Eingriff in die hoheitliche Betätigung eines fremden Staates bedeuten würde.

Bei Klagen aus einer Verletzung des Urheberrechts ist dies jedoch nicht der Fall. Im Gegenteil, sofern man die Hoheitsgewalt eines ausländischen Staates überhaupt als durch die Anerkennung eines ausländischen Urheberrechts berührt ansehen will, so liegt darin allenfalls eine Erweiterung der Hoheitsgewalt, aber kein Eingriff[53].

Für Bestandsklagen gilt nichts anderes[54]. Es verletzt die Souveränität eines fremden Staates nicht, wenn über das Bestehen eines ausländischen Urheberrechts geurteilt wird. Denn es wird dabei kein ausländischer Hoheitsakt aufgehoben, sondern lediglich ein Feststellungsurteil getroffen, das grundsätzlich nur im Inland Wirkungen entfalten kann. Extraterritoriale Wirkungen entstehen erst durch die

---

[50] Zu diesem Urteil: *Johannes*, Gewerblicher Rechtsschutz und Urheberrecht im europäischen Gemeinschaftsrecht, Heidelberg 1973, S. 37 ff. m. w. N.; *Plaisant*, Fschr. Roeber, 475.
[51] Vgl. *Weber*, Diss., 25; *Neuhaus*, RabelsZ 40 (1976) 195. Vgl. für das Patentrecht: *Koch / Froschmaier*, GRUR Int. 1965, 121 ff.; für das Warenzeichenrecht: *Schumacher*, GRUR Int. 1966, 305 ff.
[52] *Kohler*, UrhR, 393. An der angeblichen Unanwendbarkeit ausländischen Urheberrechts läßt *Allfeld* (Kommentar, 297) die Zulässigkeit solcher Klagen scheitern.
[53] *Weber*, Diss., 136. Vgl. auch *Neuhaus*, RabelsZ 20 (1955) 212; *Matthies*, int. Zust., 35.
[54] Die Zulässigkeit solcher Klagen ist hingegen auch heute noch nicht unbestritten. Dagegen: *Schramm*, Grundlagen, 16, 18; *Schikora*, Diss., 82, 61 f.; *Plaisant*, J.Cl.dr.int. fasc. 563-A Nr. 132.

Anerkennung dieses Urteils in anderen Staaten. Es liegt daher kein Problem der Gerichtsbarkeit, sondern ein solches der Anerkennung der betreffenden Entscheidung im Ausland vor[55].

22. Die Anerkennung einer deutschen Entscheidung im Ausland ist aber grundsätzlich[56] keine Voraussetzung für die deutsche internationale Zuständigkeit[57]. Für urheberrechtliche Streitigkeiten[58] besteht auch kein ausschließlicher ausländischer Gerichtsstand[59], zu dessen Gunsten auf eine eigene internationale Zuständigkeit zweckmäßigerweise verzichtet werden müßte[60].

Wenn Riezler aufgrund der „prozessualen Reflexwirkung der Beschränkung der territorialen Reichweite" des Schutzrechts[61] zu dem Ergebnis kommt, daß für eine Klage auf Feststellung des Bestehens eines ausländischen Patents die sachliche internationale Zuständigkeit fehlt[62], so wird man dies nicht auf das Urheberrecht übertragen können. Für das Urheberrecht fehlt es nämlich an einer individuellen Verleihung oder Eintragung, die eine andere Rechtsordnung als zu einer Entscheidung „näherberechtigt"[63] erscheinen lassen könnte.

23. Im Bereich des internationalen Zivilprozeßrechts bestehen daher keine Besonderheiten, da das Urheberrecht ein Recht an der geistigen Schöpfung darstellt und somit keinen öffentlichrechtlichen Charakter trägt, der eine Berücksichtigung fremdstaatlichen Hoheitsrechts zur Folge haben könnte[64].

Klagen wegen Verletzung oder auf Feststellung eines ausländischen Urheberrechts können deshalb grundsätzlich auch vor deutschen Gerichten erhoben werden[65]; das Territorialitätsprinzip steht dem nicht entgegen[66].

---

[55] *Weigel*, Diss., 49 f. und 120 ff.

[56] Anders § 606 b Nr. 1 ZPO.

[57] *OLG Düsseldorf* 31. 10. 1968, NJW 1969, 380; *Riezler*, IZPR, 216; *Soergel / Kegel*, vor Art. 7 EGBGB, 378; a. A. *Windisch*, gewRS, 112.

[58] Anders für Patent- und andere eingetragene Schutzrechte gemäß Art. 16 Nr. 4 GVÜ.

[59] *Weber*, Diss., 173; auch nicht nach Art. 11 ÜbvM, vgl. *Schikora*, Diss., 81 f.

[60] Vgl. *Neuhaus*, RabelsZ 20 (1955) 208; *Matthies*, int. Zust., 45 f. Zur sachlichen internationalen Zuständigkeit vgl. *Riezler*, Festgabe Rosenberg, 199 ff., 201.

[61] IZPR, 231.

[62] IZPR, 233.

[63] Vgl. *Neuhaus*, RabelsZ 20 (1955) 264.

[64] Vgl. *Weber*, Diss., 176.

[65] *Weber*, Diss., 99 ff., 163 und 165 ff., 177; *Raape*, IPR, 640; *Troller*, IPR, 259, 271.

[66] *Ulmer*, UrhR, 71 f.; Gutachten, Nr. 16. *Ulmer* behandelt allerdings den Fall der Bestandsklage nicht ausdrücklich.

3. Die internationalen Konventionen

24. Geistige Güter haben die Tendenz, sich über die ganze Erde zu verbreiten — heute mehr denn je. Technisch ermöglichen es Satelliten bereits, eine Sendung ohne Zwischenschaltung einer gesonderten Empfangsstation an jedem beliebigen Punkt der Erde zu empfangen. Unzählige Hände strecken sich nach den geistigen Gütern aus, um sie für sich persönlich wirtschaftlich zu nutzen.

Schon früh hat man deshalb erkannt, daß die Staaten auf sich allein gestellt nicht in der Lage sind, das Recht ihrer Urheber wirksam zu schützen. Diese Einsicht führte zum Abschluß zunächst bilateraler Verträge, dann der großen internationalen Abkommen: der Berner Übereinkunft von 1886, mehrfach revidiert, zuletzt 1971 in Paris[67], und des Welturheberrechtsabkommens von 1952, revidiert gleichfalls in Paris 1971[68]. Nicht zu vergessen die Übereinkunft von Montevideo von 1889[69], die für Deutschland heute noch im Verhältnis zu Bolivien gilt, solange es nicht dem WUA oder der RBÜ beitritt.

25. Der Schutz der RBÜ und des WUA wird von zwei Prinzipien getragen: dem Gebot, Ausländern gleiche Rechte wie Inländern einzuräumen (Grundsatz der Inländerbehandlung oder Assimilationsprinzip), und den Mindestrechten. *Art. 5 I RBÜ*[70] lautet:

„Die Urheber genießen für ihre Werke, für die sie durch diese Übereinkunft geschützt sind, in allen Verbandsländern mit Ausnahme des Ursprungslandes des Werkes die Rechte, die die einschlägigen Gesetze den inländischen Urhebern gegenwärtig gewähren oder in Zukunft gewähren werden, sowie die in dieser Übereinkunft besonders gewährten Rechte."

a) Mindestrechte

26. Auch wenn ein internationales Einheitsrecht bei derart großen Konventionen[71] praktisch nicht zu verwirklichen war und ist[72], so konnte man doch die den Urhebern zu gewährenden Mindestrechte im Laufe der Zeit stetig erweitern. Die Mindestrechte stellen materielles Recht dar mit dem Ziel, die in fast jedem Land[73] bestehenden Benach-

---

[67] BGBl 1973 II 1071.
[68] BGBl 1973 II 1111.
[69] RGBl 1927 II 95.
[70] Ähnlich Art. II 1 WUA.
[71] RBÜ 70, WUA 72 Mitgliedstaaten beim Stande vom 01.01.1978; s. DdA 91 (1978) 22 ff., 34; GRUR Int. 1978, 180 f.
[72] Vgl. *Droz*, Clunet 12 (1885) 163.
[73] Eine Ausnahme macht *Luxemburg*, Art. 47 URG. Auch Art. 6 des Vorentwurfs für ein *schweizerisches* URG will den ausländischen Urheber un-

teiligungen ausländischer Urheber abzubauen. Es liegt hier also eine eindeutig fremdenrechtliche Regelung vor.

b) Inländerbehandlung

27. Nicht ganz so leicht zu beantworten ist die Frage, ob sich aus dem Assimilationsprinzip[74] eine Kollisionsnorm ergibt. Die herrschende Meinung verneint dies[75], wohingegen andere dem Grundsatz der Inländerbehandlung einen kollisionsrechtlichen Gehalt zuzusprechen scheinen[76].

Für sich genommen bedeutet dieser Grundsatz nur, daß auf die ausländischen Urheber dieselben Gesetze angewandt werden sollen wie auf die inländischen. Eine Aussage darüber, welche Gesetze dies sind, ist damit noch nicht getroffen.

28. *Art. 5 II RBÜ* lautet:

„Der Genuß und die Ausübung dieser Rechte sind nicht an die Erfüllung irgendwelcher Förmlichkeiten gebunden; dieser Genuß und diese Ausübung sind unabhängig vom Bestehen des Schutzes im Ursprungsland des Werkes. Infolgedessen richten sich der Umfang des Schutzes sowie die dem Urheber zur Wahrung seiner Rechte zustehenden Rechtsbehelfe ausschließlich nach den Rechtsvorschriften des Landes, in dem der Schutz beansprucht wird, soweit diese Übereinkunft nichts anderes bestimmt."

Diese Vorschrift verpflichtet die Mitgliedsstaaten, einem ausländischen Urheber Rechtsschutz zu gewähren, und zwar unabhängig von Förmlichkeiten und einer eventuellen Rechtsschutzverweigerung[77] im Ursprungsland. Deshalb handelt Art. 5 II 1 RBÜ in seiner maßgeblichen französischen Fassung auch einzig von der „jouissance des droits", einer

---

abhängig vom Ort der Erstveröffentlichung des Werkes und frei von jeder Gegenseitigkeit schützen; vgl. *Troller*, Vorentwurf, 36 f. und 73. Anerkennend und kritisch zu diesem Entwurf *Ulmer*, Fschr. Troller, 203 ff.

[74] Dazu allgemein: *Khadjavi-Gontard*, Der Grundsatz der Inländerbehandlung im internationalen Urheberrecht, Berlin 1977.

[75] *Bappert / Wagner*, Kommentar, Einl. RBÜ, 13 und Einl. WUA, 2; *Kegel*, IPR, 35; *Raape*, IPR, 643; *Wolff*, IPR, 4; *Rintelen*, UrhR, 228; *Plaisant*, J.Cl.civ.ann. fasc. 23 Nr. 24; *Nonnenmacher*, RC 134, 39; *Walter*, Vertragsfreiheit, 138; *Zweigert / Puttfarken*, GRUR Int. 1973, 575; *Schikora*, Diss., 78.

[76] Vgl. *OLG Koblenz* 14. 07. 1967 („Liebeshändel in Chioggia"), *Schulze* OLGZ Nr. 93; *Paris* 15. 11. 1968, rev.crit. 1969, 670, insbes. Anm. *Françon* 681; *Troller*, IPR, 26; *ders.*, RabelsZ 19 (1954) 46; *Weber*, Diss., 62; *Mackensen*, Verlagsvertrag, 41 f. Ausdrücklich sogar: *Ulmer*, Gutachten, Nr. 1 und 16; *ders.*, RabelsZ 41 (1977) 487; *Desbois*, le DdA, Nr. 805; *Nimmer*, GRUR Int. 1973, 302. Einen kollisionsrechtlichen Gehalt der RBÜ bejahen ferner: *LG München I* 04. 07. 1972, IPRspr 1973 Nr. 108; *Erlanger*, nouv.rev. 4 (1937) 303; *Plaisant*, le DdA, Nr. 498.

[77] z. B. aufgrund fremdenrechtlicher Vorschriften.

3. Die internationalen Konventionen

rein fremdenrechtlichen Vorfrage, die nach französischem Verständnis entschieden werden muß, bevor sich die Frage nach dem anwendbaren Recht überhaupt stellt.

Das Wort „infolgedessen" zu Beginn des Art. 5 II 2 RBÜ zeigt an, daß auch dieser Satz in den fremdenrechtlichen Zusammenhang gehört. Andernfalls wäre er unlogisch, da sich aus einer fremdenrechtlichen Norm eine bestimmte Kollisionsnorm nicht zwingend folgern läßt.

29. Aus dem Wortlaut des Art. 5 II RBÜ, auf den Ulmer[78] sich bezieht, folgt auch nicht die Geltung gerade des Deliktsstatuts für das Urheberrecht als Ganzes.

Zunächst handelt Art. 5 II 2 RBÜ lediglich von dem „Umfang des Schutzes". Diesem Ausdruck läßt sich schwerlich entnehmen, daß das Recht selbst, von seinem Entstehen bis zu seinem Erlöschen, dem Recht des Schutzlandes unterfallen soll[79]. Bartin will daraus sogar den — unzutreffenden — Schluß ziehen, der Inhalt des Urheberrechts richte sich nach dem Recht des Ursprungslandes[80].

30. Weiterhin heißt es in Art. 5 II 2 RBÜ „Rechtsvorschriften des Landes, *in dem* der Schutz beansprucht wird". Ulmer[81] nennt diese Vorschrift „mißverständlich". Das wird sie allerdings, wenn man aus ihr eine Kollisionsnorm zu machen versucht. Ihr Wortlaut deutet zunächst auf die lex fori hin, läßt aber auch die Deutung Ulmers zu, der Schutzumfang richte sich nach dem Recht des Landes, *für dessen Gebiet* der Schutz beansprucht wird[82].

Ulmer lehnt die Auslegung, Art. 5 II 2 RBÜ meine die lex fori, ohne nähere Begründung ab. Jedoch setzt das Schrifttum oft das Recht des Schutzlandes im Sinne der RBÜ gerade nicht, wie Ulmer es tut, mit der lex loci delicti, sondern mit der lex fori gleich[83]. Andere wiederum unterscheiden wie Ulmer Schutzland und lex fori deutlich[84].

---

[78] Gutachten, Nr. 16.

[79] Vgl. *Drobnig*, RabelsZ 40 (1976) 200. Das Konventionsrecht weiß im übrigen sehr wohl zwischen dem Schutz des Urheberrechts und dessen Bestand zu trennen; vgl. Art. III 3 Satz 2 WUA.

[80] Clunet 61 (1934) 805 f., Fn. 41.

[81] Gutachten, Nr. 16.

[82] *Ulmer* insoweit folgend: *Drobnig*, RabelsZ 40 (1976) 197; *Martiny*, ebd., 219.

[83] *Bappert / Wagner*, Kommentar, Einl. RBÜ, 7 und Art. 2 RBÜ 24, sowie Art. II WUA, 5: Recht des Staates, „dessen Rechtshilfe angerufen wird". *Desbois*, Fschr. Maridakis III, 37; *Plaisant*, J.Cl.civ.ann. fasc. 23 Nr. 38 und 40); *Réczei*, IPR, Nr. 153; *Goldbaum*, UrhR, Art. 4 RBÜ, 2; *Möhring / Nicolini*, § 121 URG, 4 c; *Batiffol*, IHEI, 57 f.; ders., RC 139, 93 f.; *Holleaux*, Anm. zu Cass. 22. 12. 1959, D. 1960.96; *Ladas*, Protection I, 8 und 267; *Mitteis*, UrhR, 16; *Hoffmann*, DdA 53 (1940) 77; *Boguslawski*, UrhR, 38, 124.

[84] *Troller*, IPR, 49; *Weber*, Diss., 63 f.; *Zweigert / Puttfarken*, GRUR Int. 1973, 576; *Ostertag*, DdA 50 (1937) 99, 101; *Terré*, Anm. zu Cass. 22. 12. 1959,

Bei den wenigen zu einer gerichtlichen Entscheidung gelangenden Fällen wirkt sich zwar der Unterschied zwischen den beiden Ansichten in der Regel nicht aus, da eine Klage meist in dem Land erhoben wird, in dem die Urheberrechtsverletzung stattgefunden hat. Jedoch zeigt sich der Unterschied sofort, wenn bei einem inländischen Gerichtsstand über die ausländische Verletzung eines ausländischen Urheberrechts zu entscheiden ist[85].

31. Gegen die Gleichsetzung von Schutzland und lex loci delicti spricht, daß sich dann dem Wortlaut des Art. 5 II 2 RBÜ entsprechend nicht nur der Schutzumfang, sondern auch die dem Urheber zustehenden Rechtsbehelfe nach der lex loci delicti richten würden. Die Frage nach den Rechtsbehelfen ist jedoch prozessualer Natur und untersteht deshalb naturgemäß der lex fori. Ein Abweichen von diesem allgemein anerkannten Grundsatz dürfte schwerlich beabsichtigt gewesen sein.

Art. 5 II 2 RBÜ wird man daher im Sinne der lex fori interpretieren müssen: Über den Umfang des Urheberrechtsschutzes[86] und die dazu erforderlichen Rechtsbehelfe[87] entscheidet einzig die lex fori. Über Bestehen und Inhalt des Urheberrechts sagt Art. 5 II 2 RBÜ hingegen überhaupt nichts aus. Das macht auch die Systematik des Art. 5 RBÜ deutlich: Absatz I behandelt die Rechte des Urhebers, Absatz II die Ausübung der Rechte. Was das Urheberrecht selbst betrifft, so behält der Forumstaat für eine Verweisung auf eine andere Rechtsordnung völlig freie Hand.

32. Im übrigen ergäbe sich ein Widerspruch mit Art. 5 III RBÜ, wenn man in Art. 5 II 2 RBÜ eine das Urheberrecht selbst betreffende Kollisionsregel sehen will. Hierzu ein Beispiel:

Ein Schweizer läßt sein Werk in Deutschland erscheinen. Das Urheberrecht wird in der Schweiz verletzt, die Klage in Deutschland erhoben.

Hält man nun Art. 5 II 2 RBÜ für eine auf das Deliktsstatut verweisende Kollisionsnorm, so müßte schweizerisches Recht maßgeben. Art. 5 III RBÜ bestimmt aber in einer dem Art. 5 II 2 RBÜ ähnelnden Formulierung, die folgerichtig dann auch als Kollisionsnorm aufgefaßt werden müßte, die Geltung des Rechts des Ursprungslandes, hier also des deutschen Rechts. Was für einen Sinn sollte es haben, in Art. 5 II 2

---

rev.crit. 1960, 367; *Desbois*, travaux, 192 (anders obige Fn.); *Erlanger*, nouv.rev. 4 (1937) 306 f.; *Mezger*, in Anm. nouv.rev. 5 (1938) 661 f.

[85] Zu den diesbezüglichen Fragen des internationalen Zivilprozeßrechts s. o. Nr. 21 ff.

[86] Ob z. B. zivil- und/oder strafrechtlicher Schutz gewährt wird.

[87] z. B.: Klage, Strafantrag.

RBÜ eine Kollisionsnorm aufzustellen, nur um sie im nächsten Absatz wieder zu durchbrechen?

Richtig erscheint vielmehr, in keinem der beiden Absätze eine Kollisionsnorm zu sehen. Für Art. 5 III RBÜ ergibt sich das auch aus dem Sinn der Vorschrift: Die Regelung der eigenen nationalen Sachverhalte soll den Verbandsstaaten überlassen bleiben; die Mindestrechte der RBÜ beanspruchen insoweit keine Geltung.

33. Schließlich hätte die Beurteilung des Urheberrechts als solchem nach dem Deliktsstatut eine sicherlich ungewollte Lücke im Konventionsschutz zur Folge.

Wird z. B.[88] ein Werk, das wegen der Staatsangehörigkeit seines Autors oder des Ortes seines Erscheinens Urheberrechtsschutz nach der RBÜ genießt, im verbandsfremden Ausland verletzt, so würde das Urheberrecht nicht selten einem Deliktsstatut unterfallen, das einen ausreichenden Urheberrechtsschutz nicht kennt. Das Assimilationsprinzip liefe völlig leer. Auch die konventionseigenen Mindestrechte wird der Urheber nicht beanspruchen können. Hat man nämlich einmal das Deliktsstatut für anwendbar erklärt, so führt kein Weg zu der RBÜ und ihren Mindestrechten zurück, wenn die RBÜ nicht Bestandteil der anzuwendenden Rechtsordnung ist. Art. 5 I RBÜ gewährt überdies die Mindestrechte nur „in allen Verbandsländern". In dem Beispielsfall hingegen soll der Urheber die Rechte im verbandsfremden Ausland genießen.

Allgemeine Geltung des Deliktsstatuts mit der Möglichkeit, daß das Recht eines verbandsfremden Landes zur Anwendung kommt, ist geeignet, den Konventionsschutz auszuhöhlen, und dürfte deshalb nur schwer mit den Zielen der Konvention vereinbar sein.

34. Hinzuweisen ist noch auf einen Unterschied in der Formulierung des Assimilationsprinzips: Während Art. 5 I RBÜ eine Gleichstellung mit den „inländischen Urhebern" verlangt, fordert Art. II 1 WUA eine solche mit den inländischen Urhebern, die ihre Werke zum ersten Mal in ihrem Heimatland veröffentlicht haben. Mit dieser zusätzlichen Inlandsbeziehung scheint die vollständige Nationalisierung des Sachverhalts erreicht, mit der natürlichen Folge, daß immer das eigene Recht des Forumstaates zur Anwendung käme.

Abgesehen von den Fällen einer im Ausland erfolgten Urheberrechtsverletzung, in denen möglicherweise das Urheberrecht eines inländischen Autors dem ausländischen Tatortrecht unterstellt wird[89], liefe eine solche Betrachtungsweise, die dem Art. II 1 WUA die Anwendbar-

---

[88] Vgl. den Beispielsfall unten Nr. 103.
[89] Dazu s. u. Nr. 41.

keit der lex fori entnehmen will, auch der Absicht der Schöpfer des WUA zuwider. Art. II 1 WUA sollte lediglich den Schutz der Urheber auch für diejenigen Fälle gewährleisten, in denen das Schutzland seine eigenen Urheber nur dann schützt, wenn sie ihre Werke zuerst in ihrem Heimatland veröffentlicht haben[90]. Dies war z. B. in Großbritannien im Jahre 1952 der Fall.

35. Gegen einen kollisionsrechtlichen Gehalt des Assimilationsprinzips spricht außer dem Wortlaut auch die Entstehungsgeschichte der Konventionen. Von dem „conflit de lois" ist nämlich in den Konferenzakten nirgends die Rede[91]; wahrscheinlich hat man irrtümlich angenommen, das Assimilationsprinzip mache eine Regelung des Kollisionsrechts überflüssig. Das erklärte Ziel der Vertragsstaaten war lediglich, einen Minimalschutz zu erreichen[92], also einen Schutz durch Sachnormen.

Daran hat auch der 1908 in Berlin eingefügte Art. 4 II 2 RBÜ (= Art. 5 II 2 RBÜ PF) nichts geändert[93]. Mit dem Entfallen jeglicher Förmlichkeiten, auf das man sich 1908 verständigen konnte, wurde die bis dahin gemäß Art. 2 II BÜ erforderliche Prüfung hinfällig, ob im Ursprungsland des Werkes die Förmlichkeiten erfüllt worden waren. Dies auszudrücken, war Sinn des Art. 4 II 2 RBÜ (BerlF), nicht mehr.

36. *Plaisant*[94] sieht Art. 5 II 2 RBÜ als Kollisionsnorm an, während er für das WUA das Fehlen einer Kollisionsnorm feststellt[95]. Angesichts der Tatsache, daß RBÜ und WUA auf denselben Prinzipien der Inländerbehandlung und der Mindestrechte beruhen, erscheint es ungereimt, aus Art. 5 II RBÜ, der das Entfallen der Förmlichkeiten zum Gegenstand hat, im Gegensatz zum WUA eine Kollisionsnorm zu folgern. Eine Kollisionsnorm hat vielmehr mit der Formfrage[96] sachlich nichts zu tun. Systematisch gehört eine Kollisionsnorm in eine selbständige Vorschrift, die eben in beiden Konventionen fehlt.

Sie konnte auch fehlen, ohne den Zweck der Konventionen zu gefährden, denn jeder Staat wird schon von sich aus dafür Sorge tragen, „seine" Urheber nach dem ihm am angemessensten erscheinenden Recht zu schützen.

---

[90] Vgl. *Dock*, J.Cl.civ.ann. fasc. 24 Nr. 203; *Bogsch*, WUA, 25.
[91] Vgl. *Actes* 1884, 1885, 1886 und 1908; seitdem ist der Wortlaut des heutigen Art. 5 II RBÜ unverändert. Gleiches gilt für das WUA, vgl. *Actes* 1952. Vgl. auch die unterschiedlichen Vorschläge zur Fassung des Assimilationsprinzips in DdA 1 (1888) 41 ff.
[92] Vgl. *Droz*, Clunet 12 (1885) 164.
[93] a. A. *Walter*, Vertragsfreiheit, 138.
[94] le DdA, Nr. 498.
[95] le DdA, Nr. 577.
[96] Allein hierum handelt es sich; vgl. *Actes* 1884, 30.

3. Die internationalen Konventionen

37. Aus dem Grundsatz der Inländerbehandlung ergibt sich nach alledem weder für die RBÜ noch für das WUA eine Kollisionsnorm. Die Konventionen enthalten ausschließlich Fremdenrecht[97].
Bezeichnend ist insoweit *BGH* 27.1.1978[98]: Aus dem Grundsatz der Inländerbehandlung[99] folge der Urheberrechtsschutz nach inländischem Recht „und zwar für alle Werke, die Inländern nach Inlandsrecht geschützt wären". Mit diesem klarstellenden Nachsatz läßt der *BGH* erkennen, daß Werke von Inländern trotz § 120 I URG möglicherweise nach ausländischem Recht geschützt werden. Er räumt damit die Existenz einer Kollisionsregel ein, die sowohl gegenüber § 120 I URG als auch gegenüber dem Grundsatz der Inländerbehandlung ein aliud darstellt. Erst diese Kollisionsregel füllt den Grundsatz der Inländerbehandlung mit materiellrechtlichem Gehalt.

Unabhängig davon, ob man im *Ergebnis* Ulmer darin folgen will, das Urheberrecht der lex loci delicti zu unterstellen[100]: Auf die internationalen Konventionen kann man sich dabei nicht stützen. Die Anwendbarkeit des einen oder anderen Rechts folgt vielmehr aus den meist gewohnheitsrechtlichen nationalen Kollisionsnormen[101], die dementsprechend von Land zu Land unterschiedlich sein können. Die RBÜ und das WUA haben selbst nicht zu einer Vereinheitlichung des Kollisionsrechts geführt[102]. Deshalb werden diese Konventionen in der internationalprivatrechtlichen Literatur auch regelmäßig nicht als internationale Quelle des Kollisionsrechts aufgeführt[103].

Wollte man dessen ungeachtet in dem Grundsatz der Inländerbehandlung oder in Art. 5 II RBÜ eine Kollisionsnorm erblicken, so läge darin eine Verweisung auf die Gesamtheit des nationalen Rechts, mithin auch auf das Kollisionsrecht des betreffenden Staates[104]. Es bestünde dann also immer noch die Möglichkeit einer Weiterverweisung und damit die Notwendigkeit, nach einer eigenen nationalen Kollisionsnorm zu suchen.

---

[97] Vgl. *Baum*, GRUR 1950, 451; *Walker*, IPR, 79. *Nordemann / Vinck / Hertin* (Einl. 15 und 23) bezeichnen das Konventionsrecht als „nationales Fremdenrecht", ohne jedoch bis zur kollisionsrechtlichen Fragestellung vorzudringen. *Vitta* (DIP III, 79) spricht von einer Anknüpfung sui generis an eine Schutzrechtsordnung.

[98] Z 70, 268, 271 („Buster-Keaton-Filme").

[99] Hier im Rahmen von Art. 1 des deutsch-amerikanischen Urheberrechtsübereinkommens vom 15.01.1892, RGBl S. 473.

[100] So Art. D seines Regelungsvorschlages.

[101] Vgl. die Gedankenführung von *OLG München* 29.01.1959 („Le Mans"), IPRspr 1958/59 Nr. 153.

[102] *Raape*, IPR, 643; *Neuhaus*, RabelsZ 40 (1976) 193; vgl. auch *Batiffol / Lagarde*, DIP I, Nr. 32; *Lereboure-Pigeonnière / Loussouarn*, DIP, Nr. 44.

[103] Unklar insoweit *Dölle*, IPR, 43.

[104] Vgl. *Ostertag*, DdA 50 (1937) 98; *Ilosvay*, DdA 71 (1958) 17.

c) Übereinkunft von Montevideo

38. Abweichend von den beiden großen Konventionen erklärt die Übereinkunft von Montevideo in ihrem Art. 2 das Recht des Ursprungslandes des Werkes für anwendbar. Der Schutz der Urheber wird also dadurch gewährleistet, daß die Vertragsstaaten das Urheberrecht einheitlich derselben Rechtsordnung unterstellen[105].

Ulmer[106] sieht darin „nur eine Teilverweisung" auf das Recht des Ursprungslandes, da die Urheberrechtsverletzungen und ihre Folgen ja doch der lex loci delicti unterfielen. Letzteres bestreitet niemand. Jedoch, ob das Urheberrecht besteht, und welchen Inhalt es hat, das bestimmt nach Art. 2 ÜbvM einzig und umfassend das Recht des Ursprungslandes. Der Ausdruck „Teilverweisung" vermengt hier also zwei kollisionsrechtlich zu trennende Fragen, die nach dem Bestand eines Rechts und die nach dessen Verletzung, und verschleiert damit die Tragweite des Art. 2 ÜbvM als einer für ihren Regelungsbereich umfassenden Kollisionsnorm.

Bei dem winzigen praktischen Anwendungsbereich der Übereinkunft[107] darf man allerdings die Bedeutung dieser Kollisionsregel nicht überschätzen. Die Tatsache hingegen, daß das Urheberrecht auch durch eine internationale Vereinheitlichung der Kollisionsnormen geschützt werden kann, verdient, festgehalten zu werden.

d) Rom-Abkommen

39. Das Rom-Abkommen über den Schutz der ausübenden Künstler, der Hersteller von Tonträgern und der Sendeunternehmen von 1961[108] folgt wieder den Prinzipien der Assimilation und der Mindestrechte[109]. Die Regelung der Inländerbehandlung in Art. 2 I des Abkommens gleicht dabei derjenigen des Art. II 1 WUA[110]. Im übrigen soll auf das Rom-Abkommen nicht näher eingegangen werden, da es nicht das Urheberrecht selbst betrifft, sondern lediglich den Schutz einzelner angrenzender Rechte.

e) Ergebnis

40. Die internationalen Konventionen enthalten ebensowenig wie die §§ 120 ff. URG oder das Territorialitätsprinzip eine kollisionsrechtliche Aussage[111].

---

[105] Daneben beseitigt Art. 1 des Zusatzprotokolls vom 13.02.1889 die Schranken des materiellen Fremdenrechts.
[106] Gutachten, Nr. 44.
[107] s. o. Nr. 24.
[108] BGBl 1965 II 1243.
[109] Vgl. Art. 2 und Artt. 7, 10, 13. Ausführlich zu diesem Abkommen: Ulmer, GRUR Int. 1961, 569 ff., insbes. 576, 581 ff.
[110] Dazu s. o. Nr. 34.
[111] Abgesehen von Art. 2 ÜbvM, s. o. Nr. 38.

4. Gewohnheitsrecht

Gleich wie das Urheberrecht im internationalen Privatrecht angeknüpft wird, das Konventionsrecht wird dabei nicht verletzt. Solange nur die Kollisionsnormen für Inländer und Ausländer gleichermaßen gelten, bleibt der Grundsatz der Inländerbehandlung gewahrt[112].

Auch einem Abkommen zur Vereinheitlichung des internationalen Privatrechts stünde Art. 20 RBÜ[113] nicht im Wege. Die internationalen Konventionen enthalten nur Sachnormen[114]; die Vereinheitlichung des Kollisionsrechts findet demgegenüber auf einer Ebene statt, die die Konventionen unberührt läßt[115], kann ihnen deshalb gar nicht zuwiderlaufen.

4. Gewohnheitsrecht

41. Die herrschende Meinung beurteilt nicht nur die Verletzung des Urheberrechts, sondern auch dessen Entstehen, Inhalt, Übergang, Untergang — also das Recht selbst — nach der lex loci delicti[116]. Man stützt sich dabei auf das Territorialitätsprinzip[117] oder auf den konventionsrechtlichen Grundsatz der Inländerbehandlung[118]. Daß diese Säulen nicht tragen, wurde soeben dargelegt.

Über das Deliktsstatut als eine der denkbaren Anknüpfungsmöglichkeiten ist damit freilich noch nicht geurteilt (dazu s. u. Nr. 52 ff.).

---

[112] Nur deutsche Staatsangehörige begünstigende Exklusivnormen stünden dagegen mit diesem Grundsatz in Widerspruch.
[113] Vgl. auch Art. XIX WUA.
[114] s. o. Nr. 37.
[115] Für die PVÜ vgl. *Ostertag*, prop.ind. 58 (1942) 112.
[116] s. u. Nr. 52 Fn. 32. — Für das Recht des Ursprungslandes dagegen vgl. Nr. 66 Fn. 82.
[117] s. o. Fn. 30.
[118] s. o. Fn. 76; beachte dazu Nr. 47.

II. Anknüpfungsmöglichkeiten

1. Natur des Urheberrechts

42. Aufgrund der Natur des Urheberrechts ist eine Vorbemerkung nötig: Gibt es überhaupt *das* Urheberrecht, oder liegt vielmehr ein Bündel gegebenenfalls selbständig anzuknüpfender Einzelbefugnisse vor?

In Deutschland herrscht die monistische Betrachtungsweise[1]: Die sich gegenseitig durchdringenden urheberrechtlichen Befugnisse fließen aus einem einheitlichen Recht.

In Frankreich z. B. faßt man hingegen das Urheberrecht dualistisch auf[2]: Der Urheber verfügt über das droit moral und das droit patrimonial, die streng voneinander getrennt werden, wenn man auch nicht leugnet, daß vielfach Interdependenzen bestehen.

Erscheint die monistische Theorie im Kern zutreffend[3], so kommt sie nicht umhin, wie § 121 VI URG deutlich zeigt, in manchen Bereichen doch eine Trennung zwischen vermögensrechtlichen und persönlichkeitsrechtlichen Bestandteilen des Urheberrechts vorzunehmen. Faktisch führt die Anerkennung des Persönlichkeitsrechts also auch bei uns zu einem begrenzten Dualismus[4].

43. Die Aufspaltung des Urheberrechtsstatuts in ein vermögensrechtliches und ein persönlichkeitsrechtliches Statut würde hingegen zu unüberwindlichen praktischen Schwierigkeiten führen[5]. Es ist deshalb bezeichnend, daß selbst die Anhänger der dualistischen Theorie eine gespaltene Anknüpfung ablehnen. Obwohl die Vorherrschaft des droit

---

[1] *Ulmer,* UrhR, 97 ff.; *Hubmann,* UrhR, 20; für Österreich: *Mitteis,* UrhR, 61 f.; *Rintelen,* UrhR, 38 f.

[2] Art. 1 II URG (frz.); *Desbois,* le DdA, Nr. 209; *Plaisant,* J.Cl.civ.ann. fasc. 2 Nr. 19 f.; *Colombet,* prop. litt., Nr. 125; für Italien: *de Sanctis,* Fschr. M. Plaisant, 288 f. Früher auch in Deutschland, vgl. *Kohler,* AcP 82 (1894) 157, 166 ff.; *de Boor,* Vom Wesen des Urheberrechts, Marburg 1933, S. 26 ff.

[3] Das Recht, über den Zeitpunkt der Veröffentlichung zu bestimmen, hat z. B. zugleich persönlichkeitsrechtlichen und vermögensrechtlichen Gehalt; das gleiche gilt für das Recht, gegen ein Plagiat vorzugehen: es werden nicht nur das Werk entstellt, sondern auch dessen Absatzchancen verringert.

[4] Vgl. *Plaisant,* J.Cl.civ.ann. fasc. 2 Nr. 21.

[5] s. o. Nr. 42 Fn. 3.

moral immer wieder hervorgehoben wird[6], soll doch die vermögensrechtliche Komponente des Urheberrechts für seine kollisionsrechtliche Anknüpfung den Ausschlag geben[7]. Dies ist wegen der im Rechtsverkehr überwiegenden Bedeutung der aus dem Urheberrecht fließenden vermögensrechtlichen Befugnisse auch gerechtfertigt.

Ungeachtet der theoretischen Unterschiede kann man demnach das Urheberrecht im folgenden als geschlossenes Ganzes anknüpfen.

2. Anknüpfung in Anlehnung an andere Rechte?

44. Auf den ersten Blick liegt der Versuch nahe, das Urheberrecht ähnlich anderen Rechten anzuknüpfen, z. B. wie eine Forderung oder wie ein Sachenrecht.

Von einer Forderung unterscheidet sich das Urheberrecht hingegen grundlegend dadurch, daß es gegenüber jedermann wirkt. Ein gemeinsamer Parteiwille, an den man anknüpfen könnte, ist daher, anders als bei einer Forderung, nicht vorstellbar.

45. Eine Parallele zum Sacheigentum liegt da schon näher. Insbesondere weckt der vielfach verwendete Ausdruck „geistiges Eigentum" solche Assoziationen. Für die kollisionsrechtliche Frage ist jedoch entscheidend, daß das Urheberrecht als solches nicht körperlich fixiert ist[8], daß es ein Recht der tatsächlichen Belegenheit also nicht geben kann.

Vereinzelt wird demgegenüber versucht, das Urheberrecht dennoch dem Recht zu unterstellen, dem auch der körperliche Gegenstand unterliegt, auf den das Urheberrecht sich bezieht[9]. Eine solche Auffassung hat die äußerst fragwürdige Differenzierung zwischen „geistigen" und „rein geistigen" Gütern zur Folge, je nachdem, ob ein materieller Träger vorhanden ist oder nicht. Ist z. B. die Tonbandaufzeichnung einer Ansprache ein solcher materieller Träger? Wo ist die lex rei sitae einer in 20 Exemplaren hergestellten Lithographie, nachdem der Stein zerschlagen wurde und die Abdrucke über mehrere Länder verstreut sind?

Es führt deshalb zu keiner brauchbaren kollisionsrechtlichen Lösung, wenn man die Trennung von Urheberrecht und Werkstück[10] aufgibt.

---

[6] z. B. *Desbois,* le DdA, Nr. 218; *Plaisant,* J.Cl.civ.ann. fasc. 2 Nr. 9.

[7] *Plaisant,* J.Cl.civ.ann. fasc. 563-A Nr. 92; *ders.,* RIDA 35, 81 ff.; *Desbois,* Fschr. Maridakis, 45; *Nonnenmacher,* RC 134, 75 ff., 77.

[8] *Desbois* (Clunet 58 [1931] 285) will deshalb den Ausdruck „propriété littéraire" als bloße Metapher verstanden wissen. *Samson* (Das neue Urheberrecht, Baden-Baden 1966, S. 8) spricht dem „geistigen Eigentum" gar nur propagandistische Bedeutung zu.

[9] So *Schnorr von Carolsfeld,* Ufita 37 (1962) 286 f. i. V. m. 282 Fn. 2.

[10] Dazu s. o. Nr. 6.

II. Anknüpfungsmöglichkeiten

Eine lex rei sitae wie für ein Sachenrecht gibt es für das Urheberrecht demnach nicht.

46. Aus dem Fehlen einer tatsächlichen Belegenheit des Urheberrechts lassen sich zwei grundlegend verschiedene Folgerungen ziehen:

(1) Entweder man verzichtet völlig auf eine einheitliche Anknüpfung des Urheberrechts an eine Rechtsordnung; sei es, daß man die lex fori anwendet[11], sei es, daß man das Urheberrecht überall dort belegen sein läßt, wo andere von der Benutzung des Werkes ausgeschlossen werden sollen[12] (lex loci delicti)[13].

(2) Oder man fingiert für kollisionsrechtliche Zwecke eine lex rei sitae des Urheberrechts, das Ursprungsland[14], und gelangt auf diese Weise zu einem eigenen Urheberrechtsstatut.

3. Lex fori

47. Da lex fori und Deliktsstatut in den meisten Fällen identisch sind[15], unterbleibt oft eine klarstellende Unterscheidung danach, woran das Urheberrecht im Einzelfall angeknüpft wurde[16]. In besonderem Maß gilt das für Gerichtsentscheidungen[17]. Diese bleiben deshalb im Grunde genommen zweideutig, auch wenn sie sich schlicht für die Anwendung der lex fori aussprechen[18]. Jedoch finden sich auch Stimmen, welche die lex loci delicti eindeutig ablehnen und die lex fori anwenden wollen[19].

---

[11] s. u. Nr. 47 ff.

[12] = Schutzland im Sinne des Gutachtens von *Ulmer* (Regelungsvorschlag Art. A I, sowie Nr. 14). Dieser Begriff wird im folgenden wegen seiner Zweideutigkeit (s. o. Nr. 30) und seiner fehlleitenden Assoziationen mit den Regeln des Konventionsrechts nicht verwandt, um die lex loci delicti zu bezeichnen.

[13] s. u. Nr. 52 ff.

[14] s. u. Nr. 70 ff.

[15] s. o. Nr. 30.

[16] Es wäre deshalb falsch, wollte man alle oben Nr. 30 Fn. 83 genannten Autoren zu den Anhängern der lex fori zählen. Im Sinne einer solchen Gleichsetzung von lex fori und Schutzland ferner: *Wolff*, IPR, 183; *Françon*, J.Cl.dr.int. fasc. 563-B, 1. cahier, Nr. 17.

[17] Vgl. z. B. *Cass.* 22. 12. 1959 („Rideau de Fer"), D.1960.93 und die aufschlußreiche Bemerkung von *Holleaux*, travaux, 200.

[18] So *Lyon* 16. 02. 1961, rev.crit. 1962, 299 mit abl. Anm. *Desbois*, zustimmend *Sarraute*, Gaz.Pal. 1961.I.30; *Paris* 03. 06. 1961, Gaz.Pal. 1961.II.16. Ohne Begründung auch *Paris* 20. 01. 1975, RIDA 84, 207, 212 trotz ausländischer Verletzungshandlung. Die im Zusammenhang mit der lex fori oft erwähnten Entscheidungen *Seine* 14. 02. 1931 und 06. 12. 1933 sprechen dagegen eher für die lex loci delicti; s. u. Nr. 52 Fn. 32.

[19] *Boucher*, Clunet 59 (1932) 46; *Goldman*, travaux, 209.

3. Lex fori

48. Diese Lösung scheint bestechend, weil sie die einfachste ist[20]: Man könne von einem Richter nicht verlangen, daß er sämtliche Urheberrechte der Welt kennt[21]; die Anwendung fremden Rechts sei dem Richter nicht zuzumuten[22]. Dieses Argument zeugt jedoch nur von Bequemlichkeit, um nicht zu sagen „geistiger Faulheit"[23]. Denn auf anderen Rechtsgebieten mutet man dem Richter die Anwendung fremden Rechts sehr wohl zu, und es ist nicht einzusehen, warum die Anwendung ausländischen Urheberrechts schwieriger sein soll als z. B. diejenige ausländischen Familienrechts[24].

Auch die Rechtssicherheit wird durch die Anwendung fremden Rechts nicht mehr gefährdet als auf anderen Rechtsgebieten[25].

49. Man beruft sich auch darauf, mit der Anwendung des eigenen Urheberrechts sei allen Urhebern am besten gedient[26]. Doch selbst wenn das Urheberrecht des Forums das sachlich „beste" sein sollte, so ist es doch willkürlich und mit der internationalprivatrechtlichen Gerechtigkeit nicht vereinbar, auf einen Sachverhalt, der sich möglicherweise im Ausland unter Ausländern abgespielt hat, die lex fori anzuwenden.

50. Eine Anknüpfung an die lex fori macht ferner einen internationalen Entscheidungseinklang völlig unmöglich. Sie erlaubt dem Kläger, mit dem Gericht zugleich das anwendbare Recht zu wählen („forum-shopping")[27], was durch die Vielzahl der dem Kläger zur Verfügung stehenden Gerichtsstände erleichtert wird[28].

51. Eine uneingeschränkte Anwendung der lex fori auch auf ausländische Urheber läßt überdies die Forderung nach einer Gegenseitigkeitsklausel laut werden[29]. So schränkte der französische Gesetzgeber durch Gesetz vom 8. 7. 1964 den großzügigen Urheberrechtsschutz durch die französischen Gerichte[30] für die Fälle ein, in denen das Land

---

[20] Grundsätzlich zu diesem Argument: *Neuhaus*, RabelsZ 20 (1955) 244 ff.
[21] *Goldman*, travaux, 209.
[22] *Mestmäcker / Schulze*, UrhKomm., ÜbvM III.
[23] *Nonnenmacher*, RC 134, 65. Vgl. auch *Desbois*, Fschr. Maridakis, 41.
[24] Vgl. *Batiffol / Lagarde*, DIP II, Nr. 530 Fn. 4 bis; *Batiffol*, RC 139, 94.
[25] Vgl. dagegen *Troller*, Studi, 1129 f.
[26] Vgl. *Boucher*, Clunet 59 (1932) 47; *Plaisant*, RIDA 35, 85.
[27] Vgl. *Zweigert / Puttfarken*, GRUR Int. 1973, 576; *Batiffol*, travaux, 200.
[28] z. B.: § 13 ZPO, Wohnsitz des Beklagten; § 32 ZPO, unerlaubte Handlung; insbes. § 23 ZPO, Vermögen. — Vgl. Artt. 14 f. Code cicil, die nach einhelliger Auffassung auch für außervertragliche Schuldverhältnisse gelten; *Huet*, J.Cl.dr.int. fasc. 561-B Nr. 65 ff. m. w. N. — Hat der Beklagte seinen Wohnsitz innerhalb der Europäischen Gemeinschaften, so entfallen gemäß Art. 3 II GVÜ die Gerichtsstände des § 23 ZPO und der Artt. 14 f. Code civil.
[29] Vgl. *Desbois*, le DdA, Nr. 792.
[30] Insbes. *Cass.* 22. 12. 1959 („Rideau de Fer"), D.1960.93.

der ersten Veröffentlichung des Werkes zum ersten Mal in Frankreich veröffentlichte Werke nicht ausreichend schützt[31]. Auch der deutsche Gesetzgeber konnte sich 1965 von dem im übrigen internationalen Privatrecht längst als überholt betrachteten Retorsionsgedanken nicht freimachen: § 121 III URG. Man prügelt dabei den Hund und meint den Herrn. Auf dem Rücken der ausländischen Urheber und dem ihrer u. U. inländischen Rechtsnachfolger sollte man andere Staaten nicht zu erziehen versuchen. Mitgetroffen werden dabei auch inländische Urheber, wenn sie gegen eine Konkurrenz nutzungsentgeltfreier ausländischer Werke kämpfen müssen.

Es empfiehlt sich deshalb, um Retorsionsbestimmungen überflüssig zu machen, von Anfang an die Anwendung ausländischen Rechts in die kollisionsrechtlichen Überlegungen einzubeziehen.

„Unter dem Strich" bleiben für die lex fori also keine Punkte.

4. Lex loci delicti

52. Den Gedanken der lex rei sitae aufgreifend wird oft behauptet, das Urheberrecht sei überall dort belegen, wo es, berechtigt oder nicht, verwertet wird[32]. *Niboyet* bemerkt dazu plastisch, man lokalisiere das Urheberrecht „comme on situera l'oiseau chaque fois qu'il vient à se poser"[33].

Wird das Urheberrecht verletzt, so soll das Deliktsstatut über das Urheberrecht als Ganzes entscheiden[34]; ein Recht, dem der Autor nicht zugestimmt hat, ein Recht, das derjenige wählt, der das Werk unerlaubt nachdruckt, der es entstellt, der das Urheberrecht verletzt[35]!

Zum allgemeinen internationalen Deliktsrecht ergeben sich dabei erhebliche Wertungswidersprüche. Dort überläßt man aus Mitleid mit dem Verletzten diesem die Wahl zwischen dem Recht des Handlungs-

---

[31] Loi Nr. 64 - 689, J.O. vom 09. 07. 1964, S. 6092 = DdA 77 (1964) 217. Zu diesem Gesetz vgl. *Colombet*, prop.litt., Nr. 372 ff.

[32] *von Gamm*, § 113 URG, 4 b; *Mackensen*, Verlagsvertrag, 61; *Drobnig*, RabelsZ 40 (1976) 204; *Seine* 14. 02. 1931, Clunet 59 (1932) 113, 140, conclusions *Picard*, 133; *Seine* 06. 12. 1933, Clunet 61 (1934) 907, 908 Nr. 12 f.; *Sarraute*, Gaz.Pal. 1961.I.29. — Für die lex loci delicti sprechen sich u. a. ferner aus: *Ulmer*, UrhR, 72; *Ferid*, IPR, 7 - 111; *Martiny*, RabelsZ 40 (1976) 223; *Troller*, Studi, 1126, 1132; *Windisch*, gewRS, 109; *Ostertag*, DdA 50 (1937) 99 f.; *Hoffmann*, Ufita 11 (1938) 189 ff.; Cass. 29. 07. 1958, Schulze Italien Nr. 3; *Recht*, le DdA, 84; *Nimmer*, GRUR Int. 1973, 302; *Walter*, Vertragsfreiheit, 140 f.

[33] Anm. zu *Seine* 06. 12. 1933, rev.crit. 1934, 425.

[34] s. o. Nr. 41.

[35] Dagegen empört sich mit Recht *Desbois*, Fschr. Maridakis, 42; ders., travaux, 201.

ortes und dem des Erfolgsortes[36] und knüpft dabei die Vorfrage nach dem verletzten Rechtsgut selbständig an unter Wahrung einmal erworbener Rechte des Verletzten. Im internationalen Urheberrecht leugnet man dagegen schon ein wohlerworbenes Recht[37]; Deliktsstatut soll außerdem ausschließlich das Recht des Ortes der Eingriffshandlung sein[38]. Von Mitleid mit dem Verletzten also keine Spur, eher „Mitleid" mit dem Täter! Internationalprivatrechtlich gerecht ist die lex loci delicti für das Urheberrecht also kaum.

53. Eine weitere Schwierigkeit stellt die Bestimmung des Eingriffsortes dar. Ist dies bei Verletzungsklagen noch relativ einfach, so wird es bei Feststellungsklagen zum Problem.

Bei einem Rechtsstreit, in dem beide Parteien festgestellt wissen wollen, wer von ihnen der Urheber eines bestimmten Werkes ist, hilft die Schutzlandformel *Ulmers*[39] nicht weiter: Die Parteien beanspruchen nämlich für alle Länder Schutz, beispielsweise, um das Werk weltweit verbreiten zu können.

Da ein Richter nun auf einen Sachverhalt nicht nacheinander sämtliche Rechte der Welt anwenden kann, wird er nur die lex fori anwenden und so zu einer in ihrer Wirkung territorial begrenzten Feststellung kommen. Das ist Urheberrechtsschutz tröpfchenweise; man zwingt damit den Parteien soviele Prozesse auf, wie es Staaten auf der Erde gibt.

Aus dieser Schwierigkeit führt de lege lata kein Weg hinaus, solange man das Urheberrecht als Ganzes der lex loci delicti unterstellt.

54. Für die lex loci delicti werden nicht selten auch Argumente angeführt, die in Wahrheit nicht für sie, sondern für die lex fori sprechen. So will z. B. *Drobnig*[40] die Übertragbarkeit des Urheberrechts nach der lex loci delicti beurteilen, weil in dieser Frage fast der ordre public berührt sei. Da der deutsche Richter sich aber für den ordre public eines ausländischen Verletzungsstaates nicht interessiert, hätte *Drobnig* folgerichtig zur Bejahung der lex fori kommen müssen.

Dasselbe gilt für *Troller*, der — Befürworter des Deliktstatuts — sich für die Beibehaltung des Territorialitätsprinzips ausspricht, da dies die Rechtssicherheit und die Eingliederung der Immaterialgüter

---

[36] Vgl. *Kegel*, IPR, 308.
[37] Dazu s. u. Nr. 59.
[38] Vgl. *Ulmer*, Gutachten, Nr. 22 ff. Der *BGH* (14. 05. 1969, Z 52, 108, 110 f.) lehnt eine Lokalisierung des Urheberrechts am Wohnsitz des Berechtigten ab. Noch a. A. z. B. *Strömholm*, Torts, 136. Siehe auch u. Nr. 132.
[39] Zu dieser s. o. Nr. 46 Fn. 12. — *Ulmer* behandelt in seinem Gutachten, Nr. 22 ff., nur Verletzungsfälle.
[40] RabelsZ 40 (1976) 204.

in das Wirtschaftssystem verlangten[41]. Konsequenterweise hätte *Troller* dann aber aus dem Territorialitätsprinzip nicht die lex loci delicti, sondern die lex fori folgern müssen[42].

5. Einwände gegenüber einer uneinheitlichen Anknüpfung

55. Grundsätzliche Einwände gegen die lex loci delicti ergeben sich aus dem mit dieser Anknüpfung verbundenen Verzicht auf ein eigenes Urheberrechtsstatut.

a) Interessen

56. Hinter der von den Anhängern einer Anknüpfung des Urheberrechts durch das Deliktsstatut hervorgehobenen „Überallbelegenheit" eines Immaterialgutes[43] verbergen sich handfeste Interessen. *Troller* trifft den Kern, wenn er darauf hinweist, daß die lex rei sitae allgemein nicht wegen der bloßen körperlichen Beziehung eines Gegenstandes zu einem Territorium gilt, sondern wegen des dort bestehenden Interessenwiderstreites in bezug auf diesen Gegenstand[44]. Für das Urheberrecht besteht nach *Troller* dieses „Interessenzentrum" aufgrund der universellen „Materialisationsmöglichkeit" überall[45].

Das Urheberrecht wird beherrscht von dem Gegensatz zwischen den Interessen des Urhebers und denen der Gesellschaft, die beide das Werk nutzen wollen[46]. Im materiellen Recht zeigt sich der notwendige Kompromiß deutlich in den Regeln über die Einschränkungen des Urheberrechts und in dessen zeitlicher Begrenzung[47].

Auch mit der Wahl einer bestimmten Kollisionsnorm ergreift man Partei für die eine oder die andere Seite. So bevorzugt die lex loci delicti in einem Maße, das extremer nicht vorstellbar ist, die Interessen der verwertenden Gesellschaft. Der Verwerter hat es in der Hand, nicht nur das Recht zu wählen, dem die Verletzung des Urheberrechts und ihre Folgen unterliegen, sondern damit gleichzeitig über das gesamte Urheberrechtsstatut zu entscheiden, d. h. über das Recht selbst, dessen Entstehen, Umfang, Erlöschen.

57. Das sucht man mit der Begründung zu rechtfertigen, der Staat müsse die Freiheit seines Handelns gegenüber fremden Urheberrech-

---
[41] Studi, 1129 f.
[42] Siehe auch unten Nr. 57.
[43] s. o. Nr. 52 Fn. 32.
[44] IPR, 63.
[45] IPR, 58 Fn. 3.
[46] Vgl. *Hirsch*, Interessen und Gegeninteressen im Urheberrecht, Recht in Ost und West 1976, 65 ff.
[47] §§ 45 ff. und 64 ff. URG. Vgl. demgegenüber § 903 BGB.

5. Einwände gegenüber einer uneinheitlichen Anknüpfung

ten sichern[48]. In Wahrheit zielt dieses Argument jedoch auf die lex fori. Denn jeder Staat ist zunächst an seinem eigenen Handel interessiert, jedenfalls nicht gerade an dem des Staates, in dem das Urheberrecht verletzt wurde.

Hinter der die Freiheit des Handelns betonenden Argumentation steht die Auffassung des Urheberrechts als eines bloßen vom Staat verliehenen Monopols[49]; sie ist überholt, da sie der schöpferischen Tätigkeit des Urhebers nicht gerecht wird[50].

58. Die privaten wie kommerziellen „Kulturverbraucher" wollen wissen, welche Werknutzungen in ihrem Land frei sind. Diesem berechtigten Interesse der Verwerter kann man durch eine Sonderanknüpfung für bestimmte Teilfragen des Urheberrechts entsprechen[51]. Die uneinheitliche Anknüpfung des Urheberrechts als Ganzen an die lex loci delicti ist dagegen nicht notwendig, sondern eine einseitige „Abwägung" zugunsten der Verwerter, bei der die Interessen der Urheber übersehen werden, ihre Werke gewinnbringend und ohne Schwierigkeiten verwerten zu können. In dem letzten Punkt decken sich dabei die Interessen der Urheber und die der Verlage als deren Vertragspartner.

b) Verwertungsschwierigkeiten bei uneinheitlicher Anknüpfung

59. Verzichtet man durch Anwendung der lex loci delicti darauf, das Urheberrecht einheitlich einem Recht zu unterstellen, so ergeben sich daraus im internationalen Bereich vielfältige Schwierigkeiten, die eine geregelte Verwertung des Werkes stark beeinträchtigen.

Im internationalen Sachenrecht gilt der Grundsatz, daß nach ausländischem Recht einmal entstandene Rechte auch nach einem Statutenwechsel bestehen bleiben[52]. Wird z. B. ein Kraftfahrzeug im Inland wirksam übereignet, so wird der Erwerber, wenn er mit dem Wagen ins Ausland fährt, auch dort als Eigentümer anerkannt. Nicht so nach überwiegender Ansicht im Urheberrecht: Wird im Inland ein Urheberrecht übertragen, so löst es sich mit dem Überschreiten der Grenze in ein Nichts auf, um dann möglicherweise im Land des Verletzungsortes

---

[48] Vgl. *Paris* 13.01.1953, J.C.P. 1953.II.7667 und Anm. *Plaisant; Goldman*, travaux, 209.
[49] So z. B. *von Bar*, IPR II, 235; *Erlanger*, nouv.rev. 4 (1937) 303. Vgl. auch *Rabel*, Conflict IV, 67.
[50] Vgl. *Bappert*, Wege zum Urheberrecht, Frankfurt/M. 1962, S. 287 f.
[51] s. u. Nr. 99 ff.
[52] Vgl. *Wolff*, IPR, 11; *Soergel / Kegel*, vor Art. 7 EGBGB, 349; *Ferid*, IPR, 7 - 59 ff.; *Firsching*, IPR, 225; ferner *Neuhaus*, IPR, 171 ff., 174; *Staudinger / Stoll*, nach Art. 12 EGBGB, 445; *Wichser*, Der Begriff des wohlerworbenen Rechts im IPR, Diss., Zürich 1955, insbes. S. 174 ff.

II. Anknüpfungsmöglichkeiten

neu zu entstehen; allerdings nicht selten in einer anderen Person und mit einem anderen Inhalt.

60. Erkennt man ein in einem anderen Staat einmal erworbenes Urheberrecht nicht an, sondern prüft die Gültigkeit seiner Entstehung, Übertragung, usw. in jedem Verletzungsprozeß nach dem jeweils maßgebenden Recht von neuem, so führen die Unterschiede zwischen den nationalen Urheberrechten zwangsläufig zu Verwertungsschwierigkeiten. Dies gilt namentlich:

— für die Bestimmung des ersten Inhabers des Urheberrechts an Film- und Arbeitnehmerwerken[53],
— für die Frage der Miturheberschaft[54] und
— für die Übertragbarkeit des Urheberrechts[55].

61. Während auf der einen Seite als Inhaber des Urheberrechts an einem Filmwerk nur die natürlichen Personen angesehen werden, die schöpferische Beiträge zu der Entstehung des Filmes erbringen[56], betrachten andere Rechtsordnungen den Produzenten ex lege als Filmurheber[57], manche sogar auch für den Fall, daß es sich dabei um eine juristische Person handelt.

Diesen Gegensatz versucht die RBÜ mit einer Zessionsvermutung zugunsten des Filmherstellers zu mildern[58]. Aufgrund der zahlreichen Ausnahmebestimmungen[59] gelingt dies jedoch nur unvollkommen[60]. Während *Ulmer*[61] daraus keine von seiner Anknüpfung an das Schutzland abweichenden Folgerungen zieht, plädiert *Drobnig*[62] für die Anknüpfung an das Ursprungsland, soweit die erste Inhaberschaft des Urheberrechts infrage steht.

---

[53] s. u. Nr. 61 ff.
[54] s. u. Nr. 64.
[55] s. u. Nr. 65.
[56] Von Fall zu Fall verschieden; z. B. Regisseur, Kameramann, Cutter, u. U. auch Schauspieler, usw.
[57] z. B. Art. 13 IV URG (brit.); Art. 18 III 1 URG (irl.) sowie zahlreiche andere Urheberrechtsgesetze.
[58] Art. 14 bis II b RBÜ. — Eine solche Vermutung enthalten z. B. auch: § 89 URG; Art. 17 III URG (frz.). — Eine cessio legis enthalten: § 38 URG (öst.); Art. 45 URG (it.), dazu *Auteri*, Fschr. Ulmer, 56.
[59] Vgl. für den Hauptregisseur Art. 14 bis III RBÜ.
[60] Der Wert des Art. 14 bis RBÜ ist deshalb bestritten; vgl. *Ferrara-Santamaria*, RIDA 56, 93 ff.
[61] Gutachten, Nr. 54; ders., RabelsZ 41 (1977) 502: Die dort geschilderten, aus der international unterschiedlichen Auffassung des Urheberrechts am Filmwerk resultierenden Schwierigkeiten, die entstehen, wenn nicht das für die erste Inhaberschaft maßgebende Recht auch gleichzeitig für den Inhalt des Urheberrechts gelten sollte, sind einer kollisionsrechtlichen Lösung im Wege der Angleichung zugänglich. Ebenfalls durch Angleichung ist das parallele Problem (ebd., 503) in dem Fall der Miturheberschaft zu lösen.
[62] RabelsZ 40 (1976) 200 ff.

5. Einwände gegenüber einer uneinheitlichen Anknüpfung 45

Gerade für Filmwerke, die mit einem erheblichen finanziellen Aufwand geschaffen werden, ist eine einheitliche und klare Regelung nötig, damit Nutzungsrechte ohne das Risiko erworben werden können, aufgrund eines unvorhergesehenen Zustimmungsrechts von dritter Seite an der Verwertung des Films gehindert zu werden. Eine wechselnde Anknüpfung an die jeweilige lex loci delicti kann dieses Bedürfnis nicht befriedigen, da je nach dem anwendbaren Recht verschiedene Personen der Verwertung des Filmes zustimmen müssen[63].

62. Die Frage, wer erster Inhaber des Urheberrechts an einem Werk ist, entsteht ebenfalls bei Werken, die von Arbeitnehmern im Rahmen eines Dienstverhältnisses oder auf Bestellung geschaffen wurden. Denn anders als die deutsche Rechtsordnung, betrachten manche ausländischen Rechte nicht den tatsächlichen Schöpfer des Werkes als Inhaber des Urheberrechts, sondern den Arbeit- oder Auftraggeber[64].

Obwohl hier keine größeren Schwierigkeiten als bei den zuvorgenannten Filmwerken auftreten, empfindet *Ulmer* sie bei den Arbeitnehmerwerken als derart „störend", daß er das Vertragsstatut darüber entscheiden lassen will, wer als erster Inhaber des Urheberrechts anzusehen ist[65].

Diese unterschiedliche Behandlung will *Ulmer* mit Art. 14 bis II a RBÜ erklären, der die Urheberschaft an Filmwerken betrifft. Bei dieser Vorschrift handelt es sich um eine Ausprägung des Grundsatzes der Inländerbehandlung[66]. Der Formulierung in Art. 14 bis II a RBÜ: Land, „in dem der Schutz beansprucht wird", läßt sich jedoch ebensowenig wie aus Art. 5 II RBÜ[67] die lex loci delicti entnehmen. Es erscheint deshalb zutreffend, auch Art. 14 bis II a RBÜ nicht als eine die Weiterverweisung ausschließende Kollisionsnorm[68], sondern als bloßen Vorbehalt zugunsten der Verbandsländer, also der jeweiligen lex fori, zu deuten.

Eine unterschiedliche Behandlung von Arbeitnehmer- und Filmwerken ist insoweit daher nicht geboten.

---

[63] Vgl. *OLG Koblenz* 14.07.1967 („Liebeshändel in Chioggia"), Schulze OLGZ Nr. 93. Dazu *Drobnig*, a.a.O.; und *Ulmer*, RabelsZ 41 (1977) 498.
[64] Gegebenenfalls mittels Zessionsvermutung und auf bestimmte Nutzungsrechte beschränkt; vgl. z. B. Art. 4 IV URG (brit.); Art. 10 IV URG (irl.); Art. 7 URG (nied.); Art. 201 lit. b URG (USA).
[65] Gutachten, Nr. 57 und Art. E II des Regelungsvorschlages; ders., RabelsZ 41 (1977) 503 ff., 509. Ebenso *Windisch*, gewRS, 57.
[66] So auch *Ulmer*, RabelsZ 41 (1977) 498 f. mit Fn. 26.
[67] s. o. Nr. 29 ff.
[68] So aber *Ulmer*, RabelsZ 41 (1977) 498 Fn. 26, gegen *Drobnig*, RabelsZ 40 (1976) 199.

63. Ausgerechnet das Vertragsstatut[69] erscheint als einheitliche Anknüpfung für die Erstinhaberschaft nicht sehr geeignet. Zum einen dürfte es 70 Jahre post mortem auctoris nahezu unmöglich sein, ein vom bloßen Parteiwillen abhängiges Vertragsstatut zu ermitteln. Zum anderen hätte die Geltung des Vertragsstatuts zur Folge, daß der Richter in einem Rechtsstreit möglicherweise vier verschiedene Rechte kombinieren muß: Das Vertragsstatut für die Entstehung des Rechts, das Deliktsstatut für dessen Verletzung, das Recht des Ursprungslandes[70] aufgrund der Bezugnahme in den Konventionen und die lex fori. Eine wenig verlockende Lösung!

Die Frage nach dem ersten Inhaber des Urheberrechts an Arbeitnehmerwerken vermag also das Vertragsstatut ebensowenig zufriedenstellend zu beantworten wie das Deliktsstatut, das noch nicht einmal zu einer einheitlichen Anknüpfung führt.

64. Die allgemeine Herrschaft des Deliktsstatuts führt dazu, daß Miturheberschaft unterschiedlichen Rechten unterliegen kann. Auch hierdurch kann die Verwertung eines Werkes behindert werden. So sind z. B. bei musikdramatischen Werken Komponist und Textdichter nach französischem Recht Miturheber[71], wohingegen das deutsche Recht lediglich eine Verbindung zweier selbständiger Werke annimmt[72]. Die Folgen dieser unterschiedlichen Betrachtungsweise zeigen sich namentlich bei der Schutzfrist, die vom Tode des längstlebenden Miturhebers an gerechnet wird[73]: Das Urheberrecht an demselben Werk kann in dem einen Land bereits erloschen sein, während es andernorts fortbesteht, wo Miturheberschaft eines längerlebenden Autors angenommen wird[74].

65. Schließlich wird die Verwertung eines Werkes wesentlich erschwert, wenn nicht zum Teil sogar verhindert, wenn man das Recht des jeweiligen Verletzungsortes über die Frage der Übertragbarkeit des Urheberrechts entscheiden läßt[75].

Schranken der Übertragbarkeit bestehen in vielfältiger Weise: z. B. bei der Einräumung von Rechten für noch unbekannte Nutzungsarten (§ 31 IV URG), bei der Übertragung von Rechten an zukünftigen Wer-

---

[69] Dafür: *Ulmer*, RabelsZ 41 (1977) 503 ff., 509.
[70] Zu diesem konventionsrechtlichen Begriff s. u. Nr. 67 Fn. 86.
[71] Art. 10 URG (frz.); vgl. *Colombet*, prop. litt., Nr. 96.
[72] § 9 URG.
[73] § 65 URG, Art. 7 bis RBÜ.
[74] Aus diesem Grund war z. B. im Fall *Paris* 15. 11. 1968, Clunet 97 (1970) 77, Anm. *Desbois*, die Witwe Glasunows so sehr an der Anwendung des der Miturheberschaft gewogenen französischen Rechts interessiert.
[75] So im Fall *Hoge Raad* 13. 02. 1936, DdA 51 (1938) 83 mit abl. Anm. *van Wien*.

5. Einwände gegenüber einer uneinheitlichen Anknüpfung

ken (§ 40 URG)[76] und besonders im Zusammenhang mit dem droit moral[77]. Auch das Außenhandelsmonopol der Ostblockstaaten läßt sich als ein Verfügungsverbot zu Lasten der Urheber auffassen[78].

Bestimmt das Deliktsstatut die Übertragbarkeit des Urheberrechts[79], so verlangt man von dem Urheber, der häufig die Weltrechte an seinem Werk übertragen will, gleichzeitig alle Urheberrechte der Welt zu beachten — und das, obwohl man dem Richter am liebsten noch nicht einmal die Anwendung eines einzigen ausländischen Urheberrechts zumuten möchte[80]. Der Urheber wird dann bei Abschluß eines Vertrages über die Weltrechte an seinem Werk regelmäßig nicht wissen, ob er die eingegangenen Verpflichtungen erfüllen kann. Das darf man ihm nicht zumuten.

c) Schlußfolgerung

66. Zur Vermeidung all dieser Verwertungsschwierigkeiten empfiehlt es sich also, einem im Ausland entstandenen Urheberrecht auch für das Inland Anerkennung zu verschaffen[81], indem man es einem einzigen Recht unterstellt und nicht der jeweiligen lex loci delicti. Das Urheberrecht verlangt nach einer einheitlichen Anknüpfung, nach seinem eigenen Statut[82].

---

[76] Vgl. auch Art. 33 URG (frz.).

[77] Vgl. § 29 Satz 2 mit § 31 I URG.

[78] Vgl. *BGH* 16. 04. 1975 („August Vierzehn"), GRUR Int. 1975, 361, 364; *Dietz*, Zum Schutz sowjetischer Urheber im internationalen Urheberrecht, GRUR Int. 1975, 341 ff., 343 f.

[79] So *Ulmer*, Gutachten, Nr. 69 und Art. F I a des Regelungsvorschlages; *Troller*, IPR, 224 f.; *von Gamm*, Einf. URG, 145; *Hubmann*, UrhR, 76; *Hoffmann*, Ufita 11 (1938) 195. Zweifelnd *Drobnig*, RabelsZ 40 (1976) 204. Vgl. auch *Windisch*, gewRS, 57.

[80] s. o. Nr. 48.

[81] *Pillet*, DIP II, Nr. 391, S. 18 f.; *Niboyet*, Anm. zu Seine 06. 12. 1933, rev.crit. 1934, 126; *Neuhaus*, RabelsZ 40 (1976) 195.

[82] *Bartin*, Clunet 61 (1934) 783; *Batiffol / Lagarde*, DIP II, Nr. 530 Fn. 4 bis; *Batiffol*, IHEI, 64. Für die Anknüpfung des Urheberrechts an das Recht des Ursprungslandes neben den soeben Fn. 81 Genannten u. a.: *Cass.* 25. 07. 1887, S. 1888.1.17; *Paris*, 28. 07. 1932, Clunet 61 (1934) 641; *Neumeyer*, IPR, 26 f.; *Niboyet*, traité IV, Nr. 1314; *Loussouarn*, Anm. zu Paris 13. 01. 1953, rev.crit. 1953, 747 f.; *Lerebours-Pigeonnière / Loussouarn*, DIP, Nr. 473; *Desbois*, Fschr. Maridakis, 46; de lege ferenda: *Raape*, IPR, 637. — Auch die Entscheidungen *Cass.* 29. 04. 1970 (rev.crit. 1971, 270 mit Anm. *Batiffol*) und *OLG München* 25. 02. 1952 (*Schulze* OLGZ Nr. 2) und 29. 04. 1954 (*Schulze* OLGZ Nr. 8; folgend: *Bappert / Wagner*, Kommentar, Art. 4 RBÜ, 25) beurteilen die Frage, ob ein Urheberrecht besteht, nach einem von dem Deliktsstatut verschiedenen Recht. Dabei wird allerdings nicht immer deutlich, ob damit das Recht des Ursprungslandes oder das Vertragsstatut gemeint ist.

II. Anknüpfungsmöglichkeiten

6. Einwände gegenüber einer einheitlichen Anknüpfung

67. Die Gegner einer Bestimmung des Urheberrechtsstatuts durch das Ursprungsland[83] weisen vielfach darauf hin, wie schwer es sei, dieses Ursprungsland festzustellen[84]. Gewisse, wenn auch nicht unüberwindliche Schwierigkeiten lassen sich in der Tat nicht leugnen[85]. Sie bleiben jedoch auch den Anhängern der lex loci delicti nicht erspart, denn zahlreiche Regeln des internationalen Konventionsrechts nehmen auf das Ursprungsland Bezug[86].

68. Es wird auch immer wieder betont, wie praktisch die Anknüpfung an das eigene Recht, sei es als lex fori, sei es als die damit regelmäßig zusammenfallende lex loci delicti, doch für den Richter sei[87]. Das kann hingegen nicht darüber hinwegtäuschen, wie unpraktisch sie für den Urheber und dessen Rechtsnachfolger ist[88].

69. Schwer wiegt dagegen die Behauptung, den Urhebern sei gar nicht damit gedient, wenn man das Urheberrecht dem Recht des Ursprungslandes unterstelle. Dabei könne nämlich einzig eine Schmälerung der Urheberrechte die Folge sein[89]: Die Rechte, die das Ursprungsland nicht gewährt, könne man dem Urheber nicht zubilligen, und die gewährten Rechte nur dann, wenn sie auch von der lex fori anerkannt seien.

Letzterem liegt die verfehlte Vorstellung zugrunde, man könne im Interesse des eigenen Handelns keine weitergehenden Urheberrechte gewähren als die im Land des Gerichtsortes anerkannten[90]. In Wahrheit handelt es sich dabei um eine Frage der Reichweite des ordre public. Dessen Eingreifen hängt von einer genügenden Inlandsbeziehung ab und läßt sich daher nicht generell, sondern nur für den Ein-

---

[83] Im weiten Sinne, s. u. Nr. 70.
[84] *Mezger*, travaux, 202; *Sarraute*, Gaz.Pal. 1961.I.29; *Bonet*, Anm. zu *Paris* 24.04.1974, rev.crit. 1975, 449.
[85] Auch *Troller* (Studi, 1127), selbst Verfechter einer uneinheitlichen Anknüpfung, hält diese Schwierigkeiten für lösbar, mithin für kein grundsätzliches Hindernis einer Anknüpfung an das Ursprungsland.
[86] z. B. Art. 3 I b i. V. m. Art. 4 RBÜ und Art. II 1 WUA (Voraussetzung des Verbandsschutzes für verbandsfremde Urheber); Art. 5 III RBÜ (Schutz im Ursprungsland); Art. 7 VIII RBÜ und Art. IV 4 a WUA (Frist). — Ursprungsland eines Werkes ist gemäß Art. 5 IV RBÜ grundsätzlich das Land der ersten Veröffentlichung; für nicht veröffentlichte Werke das Verbandsland, dem der Urheber angehört.
[87] Vgl. *Windisch*, gewRS, 103; *Bonet*, Anm. zu *Cass.* 15.12.1975, rev.crit. 1976, 517.
[88] s. o. Nr. 59 ff.
[89] Vgl. *Batiffol*, IHEI, 67; *Plaisant*, J.Cl.civ.ann. fasc. 21 Nr. 25; *Sarraute*, Gaz.Pal. 1961.I.29; *Bonet*, Anm. zu *Paris* 24.04.1974, rev.crit. 1975, 449.
[90] s. o. Nr. 57.

zelfall beantworten. Maßgebliche Gesichtspunkte für ein Eingreifen des ordre public können z. B. sein, ob die Rechtsverletzung im Inland oder im Ausland begangen wurde, ob der Urheber Deutscher ist oder nicht, usw.

Solange man nur nicht den Fehler macht, das gesamte Urheberrecht mit der Wirkung des ordre public auszustatten, kann man daher nicht behaupten, die Anknüpfung an das Recht des Ursprungslandes habe für die Urheber nur nachteilige, einschränkende Folgen.

70. Es bleibt daher sinnvoll, für das Urheberrecht eine lex rei sitae zu fingieren. Zu diesem Zweck ließe sich das Ursprungsland eines Werkes bestimmen:
— durch den Ort, an dem das Werk geschaffen wurde (Herstellungsort)[91],
— durch das Personalstatut des Urhebers[92] oder
— durch den Ort der ersten Veröffentlichung des Werkes[93].

7. Herstellungsort

71. Für das Recht des Herstellungsortes als Urheberrechtsstatut spricht sich *Terré*[94] aus. Für unveröffentlichte Werke ergibt sich gleiches aus der Übereinkunft von Montevideo[95]. Dahinter mag der Gedanke stehen, daß ein Werk mit der Umgebung verbunden ist, in der es entstand. Man denke z. B. an die Zeichnungen Heinrich Zilles oder an naturalistische Dramen wie Gerhart Hauptmanns „Vor Sonnenaufgang".

72. Doch ist die Verbindung eines Werkes zu seiner Umgebung kein rechtlicher Gesichtspunkt, sondern eher für Kunst- oder Literaturhistoriker von Interesse[96].

Die Anknüpfung an den Herstellungsort ist überdies wenig praktikabel. Oft wird sich nämlich nicht feststellen lassen, an welchem Ort ein Werk geschaffen wurde. Reisebeschreibungen können z. B. in einer ganzen Reihe von Ländern entstehen; an manchen Werken arbeitet der Urheber möglicherweise viele Jahre an wechselnden Orten. Auch die Dreharbeiten an einem Film erstrecken sich häufig über einen langen Zeitraum und mehrere Länder[97].

---

[91] s. u. Nr. 71 ff.
[92] s. u. Nr. 74 ff.
[93] s. u. Nr. 84 ff.
[94] Anm. zu *Cass.* 22. 12. 1959, rev.crit. 1960, 370.
[95] Vgl. *Bappert / Wagner*, Kommentar, ÜbvM, 2.
[96] *Desbois*, Anm. zu *Lyon* 16. 02. 1961, rev.crit. 1962, 309.
[97] Vgl. *Françon*, RIDA 74, 29 ff.

73. Selbst wenn man den Ort der *Vollendung* des Werkes entscheiden ließe, bliebe das Problem, den Zeitraum fixieren zu müssen, von dem ab der Urheber sein Werk als vollendet betrachtet hat. Dieser Zeitpunkt wird sich regelmäßig nicht sehr von dem der ersten Veröffentlichung unterscheiden. Denn bei einem unveröffentlichten Werk spricht vieles dafür, daß es deshalb unveröffentlicht ist, weil der Autor von der Vollendung seines Werkes noch nicht überzeugt war.

Im übrigen entstünde dabei eine Regelungslücke für noch unvollendete Werke, die ebenfalls Urheberrechtsschutz genießen.

Eine Anknüpfung des Urheberrechts an das Recht des Herstellungsortes scheidet daher aus.

8. Personalstatut des Urhebers

74. Das Werk ist der Ausdruck der Persönlichkeit seines Schöpfers. Insbesondere wenn man das Urheberpersönlichkeitsrecht als ein wesentliches Merkmal des Urheberrechts ansieht, liegt es nahe, das Urheberrecht dem Personalstatut des Autors zu unterstellen[98].

a) Veröffentlichte Werke

75. Gegen das Personalstatut für das Urheberrecht an veröffentlichten Werken spricht, daß ein solches Urheberrecht ein von der Person seines Trägers losgelöster selbständiger Gegenstand des Rechtsverkehrs ist. Die Person des Urhebers tritt demgegenüber zurück. Dieser Tatsache entspricht eine werkbezogene Anknüpfung. Das Personalstatut des Urhebers ist der Öffentlichkeit weitgehend unbekannt; für sie steht die Nutzung des Werkes im Vordergrund.

Ein Personalstatut, an das angeknüpft werden könnte, fehlt völlig bei anonym veröffentlichten Werken. Im Falle der Miturheberschaft hätte eine personale Anknüpfung zur Folge, daß das Urheberrecht an einem Werk mehreren Rechtsordnungen gleichzeitig unterläge. Dem Interesse der Öffentlichkeit an der unwandelbaren Fixierung des Urheberrechtsstatuts[99] müßte überdies angesichts der Wandelbarkeit des Personalstatuts durch eine zusätzliche zeitliche Anknüpfung Rechnung getragen werden, was die Praktikabilität einer Anknüpfung an das Personalstatut weiter beeinträchtigen würde.

Für veröffentlichte Werke empfiehlt sich das Personalstatut deshalb nicht.

---

[98] Vgl. *Françon*, DdA 76 (1963) 34.
[99] Vgl. *Sarraute*, Gaz.Pal. 1961.I.30.

8. Personalstatut des Urhebers

b) Unveröffentlichte Werke

76. Für unveröffentlichte Werke ist die Lage insoweit anders, als das Werk regelmäßig[100] in der Privatsphäre des Urhebers bleibt, der Rechtsverkehr also nicht in dem Maße berührt wird wie bei veröffentlichten Werken. Diese engere Beziehung zu dem Urheber läßt für ein noch unveröffentlichtes Werk eine Anknüpfung des Urheberrechts durch das Personalstatut gerechtfertigt erscheinen[101]. Es fehlt zudem die Alternative: Daß der Herstellungsort kein geeignetes Anknüpfungsmoment ist, hat sich erwiesen; eine lex publicationis für unveröffentlichte Werke scheidet aus.

77. Das Personalstatut des Urhebers ließe sich bestimmen durch dessen Staatsangehörigkeit, Domizil oder gewöhnlichen Aufenthalt[102]. Bei Maßgeblichkeit des Domizils oder des gewöhnlichen Aufenthalts wäre jedoch ein kollisionsrechtlich unerwünschter Statutenwechsel häufig die Folge. Darüber hinaus wird sich der gewöhnliche Aufenthalt eines Urhebers nach mehreren Jahrzehnten oft nicht mehr feststellen lassen. Dem Grundgedanken des Art. 7 EGBGB entsprechend sollte deshalb für das Urheberrechtsstatut bei unveröffentlichten Werken die Staatsangehörigkeit des Autors maßgeben[103].

78. Schwierigkeiten treten auf, wenn der Urheber Mehrstaater ist oder wenn Angehörige verschiedener Staaten Miturheber sind.

Das erste Problem wird man nach den allgemeinen Regeln lösen. Um den internationalen Entscheidungseinklang nicht mehr als nötig zu gefährden, sollte man dabei allerdings nicht der deutschen Staatsangehörigkeit den Vorrang geben[104], sondern generell diejenige des Staates entscheiden lassen, zu dem der Urheber die engste Verbindung hat[105].

79. Der zweite Fall liegt dagegen komplizierter. Bei Miturheberschaft ist es weder angemessen[106] noch möglich, ein Werk daraufhin zu untersuchen, wem von mehreren Urhebern der entscheidende künstlerische Anteil zukommt. Auch die Staatsangehörigkeit eines deutschen

---

[100] Zu dem Begriff der Veröffentlichung s. u. Nr. 89 ff.
[101] Zu dem maßgeblichen Zeitpunkt s. u. Nr. 80 ff.
[102] Zwangsläufig entscheidet der gewöhnliche Aufenthalt bei Werken staatenloser Urheber.
[103] Die Differenzen zwischen Staatsangehörigkeits- und Domizilprinzip sind nicht spezifisch für das internationale Urheberrecht. Sie sollen daher in diesem Zusammenhang auf sich beruhen.
[104] So aber für § 120 URG: *Fromm / Nordemann*, 4; *Möhring / Nicolini*, 2 a; *Gerstenberg*, 1. Beachte aber Nr. 80 Fn. 110.
[105] Vgl. *Ferid*, RabelsZ 23 (1958) 508; *Kegel*, IPR, 202 f.
[106] Vgl. *Françon*, RIDA 74, 25 ff.; a. A. *Desbois*, Clunet 95 (1968) 653 f.

Miturhebers kann hier ebensowenig wie im ersten Fall den Ausschlag geben.

Das Urheberrechtsstatut läßt sich deshalb hier nur durch eine territoriale Hilfsanknüpfung bestimmen. Dabei ist das einzige Ereignis mit territorialem Bezug vor der Veröffentlichung des Werkes dessen Herstellung. In den praktisch wichtigen Fällen der Miturheberschaft von Angehörigen verschiedener Staaten, der Herstellung eines Filmwerkes[107], lassen sich die Unannehmlichkeiten der Anknüpfung an den Herstellungsort[108] durch eine Fiktion lösen: Als Herstellungsort gilt der (tatsächliche) Sitz des Filmherstellers[109].

80. Wechselt der Urheber seine Staatsangehörigkeit, so stellt sich die Frage, ob das Urheberrechtsstatut eines unveröffentlichten Werkes von der alten oder der neuen Staatsangehörigkeit seines Schöpfers bestimmt werden soll[110].

Für Werke, die zur Zeit des Staatsangehörigkeitswechsels bereits bestanden, läßt sich die zeitliche Zäsur setzen bei:

— der Schöpfung des Werkes[111],
— der das Urheberrecht verletzenden Handlung[112],
— dem Eintritt der Rechtshängigkeit des Verletzungsprozesses[113] oder
— dessen letzter mündlicher Verhandlung.

---

[107] Bei der später vorgeschlagenen, für das Urheberrecht an veröffentlichten und unveröffentlichten Filmwerken gleichermaßen geltenden Anknüpfung stellt sich das Problem einer Hilfsanknüpfung nicht mehr; s. u. Nr. 96 f.

[108] s. o. Nr. 72 f.

[109] Vgl. Art. 4 a RBÜ für die Frage des Verbandsschutzes. — *Françon* (RIDA 74, 27) bezeichnet die Lösung der RBÜ nicht ganz zu Unrecht als systemfremd, da es sonst immer auf die wahren Urheber ankommt. Doch ist auch er sich der Unzulänglichkeit einer Anknüpfung an den oder die realen Herstellungsorte bewußt. — Zu den mit einer Co-Produktion verbundenen Problemen vgl. *Nonnenmacher*, RC 134, 55 ff.

[110] Die Frage des Staatsangehörigkeitswechsels wird in der Literatur regelmäßig im fremdenrechtlichen Zusammenhang bei § 120 URG und Art. 3 I a RBÜ, Art. II 2 WUA behandelt. Es geht dabei darum, ob dem Urheber überhaupt Schutz gewährt werden soll; nicht darum, das Urheberrechtsstatut zu bestimmen. Mit dieser beachtlichen Einschränkung sind die folgenden Zitate zu verstehen, auf die wegen der im IPR ungeklärten Rechtslage hingewiesen werden soll.

[111] Vgl. *Bogsch*, WUA, 18 sowie die Nachweise bei *Katzenberger*, GRUR Int. 1973, 276 Fn. 18. — Alternativ auf den Zeitpunkt der Schöpfung oder den der Rechtsverletzung abzustellen (*Katzenberger*, ebd., 280; *Fromm / Nordemann*, § 120 URG, 2; *von Gamm*, § 120 URG, 5; *Goldbaum*, UrhR, Art. 4 RBÜ, 1) ist zwar im Fremdenrecht möglich, wenn man den Urheber begünstigen will, nicht aber im Bereich des Kollisionsrechts, wenn es darum geht, ein einziges anwendbares Recht zu bestimmen.

[112] Vgl. *Möhring / Nicolini*, § 120 URG, 2 b; *Samson*, UrhR, 238; *Gerstenberg*, § 120 URG, 2; *Bappert / Wagner*, Kommentar, Art. 4 RBÜ, 11; *Allfeld*, Kommentar, 374 f.

[113] Vgl. *Troller*, Verträge, 119; *Hoffmann*, BÜ, 83; *Desbois / Françon / Kerever*, Nr. 133.

81. Da es sich bei der Schöpfung eines Werkes um einen Zeit*raum*, nicht um einen Zeit*punkt* handelt, könnte allenfalls der Vollendungszeitpunkt in Betracht kommen. Abgesehen von der Schwierigkeit, diesen zu bestimmen[114], erscheint es auch nicht sachgerecht, den Urheber für seine noch unveröffentlichten Werke als einem Teil seiner Persönlichkeit an einem Recht festzuhalten, von dem er sich durch seinen Staatsangehörigkeitswechsel in der Regel bewußt abgewandt hat.

Gegen die Maßgeblichkeit der Verletzungshandlung spricht, daß dieser Zeitpunkt nicht präzise genug ist: Wann genau mit dem Nachdruck oder mit einem unbefugten Verbreiten begonnen wurde, wird sich oft nur schwer feststellen lassen. Auch sollte die Frage nach dem anwendbaren Recht nicht von den national verschiedenen Verletzungsmodalitäten abhängig gemacht werden.

Der Zeitpunkt des Eintritts der Rechtshängigkeit ermöglicht demgegenüber eine eindeutige Lösung. Auf die letzte mündliche Verhandlung abzustellen, empfiehlt sich wegen der damit für den Prozeß verbundenen Unsicherheit nicht.

Fehlt es an einem das Urheberrecht betreffenden rechtshängigen Prozeß, unterliegen also einheitlich alle unveröffentlichten Werke von der Zeit ihres Entstehens an dem neuen Personalstatut des Urhebers.

82. Ist der Urheber gestorben, bleibt es bei dessen Personalstatut im Todeszeitpunkt[115]. Die Staatsangehörigkeit der Erben spielt dabei keine Rolle, wie auch sonst die Staatsangehörigkeit der Rechtsnachfolger des Urhebers unerheblich ist[116].

83. Für das Urheberrecht an *un*veröffentlichten Werken kann deshalb als Ergebnis die Regel festgehalten werden, daß die Staatsangehörigkeit des Autors das Urheberrechtsstatut bestimmt[117].

9. Lex publicationis

a) Bedeutung der ersten Veröffentlichung

84. Für das Urheberrecht an veröffentlichten Werken bleibt als letzte der noch zu untersuchenden Möglichkeiten die Anknüpfung an das Land der ersten Veröffentlichung (lex publicationis).

---

[114] s. o. Nr. 73.
[115] Vgl. *Gerstenberg*, § 120 URG, 1; *Goldbaum*, UrhR, Art. 4 RBÜ, 1; *Katzenberger*, GRUR Int. 1973, 275. Beachte Nr. 80 Fn. 110.
[116] Einhellige Ansicht; vgl. *Troller*, IPR, 56; für die fremdenrechtliche Frage der Schutzgewährung: DdA 1 (1888) 43; *Bogsch*, WUA, 17 f.; *Katzenberger*, GRUR Int. 1973, 275 m. w. N. — Damit setzt sich allerdings *Troller* (Verträge, 119) in Widerspruch, wenn er bei unveröffentlichten Werken verlangt, daß die Erben Angehörige eines Verbandsstaates sein müssen.
[117] Zum Begriff der Veröffentlichung s. u. Nr. 89 ff. Zur Reichweite des Urheberrechtsstatuts s. u. Nr. 102 ff.

Die Befürworter einer solchen Anknüpfung weisen gewöhnlich darauf hin, das Werk habe in diesem Land seine Wurzeln. Dort sei es willentlich in die Welt gesetzt worden in der Absicht, Erfolg zu erzielen[118], ein Publikum zu finden[119], sich der Kritik zu stellen[120]. Das alles darf man eher bildhaft als juristisch auffassen. Überdies ist es nicht selten unzutreffend. Ein Dichter oder Komponist wird dort veröffentlichen, wo er einen Verleger findet, der sein Werk druckt. So kann die Veröffentlichung durchaus in einem Land erfolgen, das dem eigentlichen Willen des Urhebers nicht entspricht. In besonderem Maß gilt dies für im Exil lebende Autoren.

85. Doch wird man auch nicht wie *Troller*[121] behaupten können, der Ort der Erstveröffentlichung sei „für das Verhältnis des Urhebers zur Umwelt bedeutungslos", da dort lediglich der Tatbestand der Schöpfung des Werkes erkennbar werde. Denn die Veröffentlichung stellt mehr dar als die bloße Mitteilung des Urhebers, er habe ein Werk geschaffen.

Mit der ersten Veröffentlichung hat der Urheber das Werk aus seiner Privatsphäre entlassen und es zu einem Gegenstand des Rechtsverkehrs gemacht. Dadurch wird zunächst im Land der Erstveröffentlichung das Bedürfnis Dritter geweckt, das Werk zu nutzen. Mit der Veröffentlichung erlangt das Werk erst seinen Wert[122], für die Gesellschaft genauso wie für den Urheber[123]. Die für das Werk entscheidende Bedeutung seiner ersten Veröffentlichung wird auch deutlich in der Häufigkeit, mit der die internationalen Konventionen sowie die nationalen Urheberrechtsgesetze auf die Tatsache[124], den Ort[125] und den Zeitpunkt[126] dieser Veröffentlichung abstellen.

Der Ort der Erstveröffentlichung erscheint deshalb in besonderem Maße geeignet, das Urheberrecht an einem Werk territorial zu fixieren.

86. Die lex publicationis als Urheberrechtsstatut liegt zum einen im Interesse der Urheber. Neben den allgemeinen Vorteilen einer einheitlichen Anknüpfung gestattet diejenige an das Veröffentlichungsland den Autoren anonymer und pseudonymer Werke, ihre Identität

---

[118] *Bartin*, Clunet 61 (1934) 793.
[119] *Batiffol*, IHEI, 71.
[120] *Desbois*, Fschr. Maridakis, 42 f.; *ders.*, travaux, 186.
[121] IPR, 57.
[122] Vgl. *Batiffol / Lagarde*, DIP II, Nr. 531.
[123] *Desbois* (travaux, 186 f.) weist auf das besondere Interesse hin, das das Publikum der editio princeps entgegenbringt.
[124] z. B. §§ 12 II, 18, 51 Nr. 2 URG.
[125] z. B. § 121 I URG; Artt. 3 I b, 5 III, 7 VIII RBÜ; ähnlich das WUA.
[126] z. B. §§ 64 II, 66 I URG.

auch im Fall eines Verletzungsprozesses geheimhalten zu können. Bei einer Anknüpfung durch das Personalstatut wäre das nicht möglich.

Zum andern sind auch die Verleger an der Geltung der lex publicationis interessiert. Für sie ist es eine erhebliche Erleichterung, wenn auf die von ihnen erworbenen Urheberrechte das ihnen geläufige inländische Recht zur Anwendung kommt. Die Anknüpfung an das Recht des Ursprungslandes kommt deshalb den kulturexportierenden europäischen Staaten entgegen[127].

87. Für den Ort der Veröffentlichung ist entscheidend, wo das Publikum mit dem Werk konfrontiert wird. Dies geschieht z. B. dort, wo Vervielfältigungsstücke zum Verkauf bereitgehalten werden. Der Ort, an dem die Herstellung erfolgte, oder an dem ihr Vertrieb organisiert wurde, spielt deshalb keine Rolle[128].

88. Den Zeitpunkt der ersten im Gegensatz zu einer späteren Veröffentlichung wird man auf den Tag genau feststellen müssen. Eine Fiktion des gleichzeitigen Erscheinens innerhalb von dreißig Tagen wie in Art. 3 IV RBÜ oder in Art. IV 6 WUA kommt für das Kollisionsrecht nicht in Frage, weil damit das Urheberrechtsstatut vervielfacht würde. Für den Bereich der internationalen Konventionen ist eine solche Fiktion sinnvoll, wenn man den Verbandsschutz ausdehnen will. Im übrigen ist dabei nichts gewonnen, denn die Feststellung, ein Werk sei in dem zweiten Land 30 und nicht 31 Tage später erschienen als im ersten, ist nicht leichter zu treffen als die der tatsächlich ersten Veröffentlichung.

Wird ein Werk an demselben Tag in mehreren Ländern veröffentlicht, wird man bei Sprachwerken dem Originalwerk vor der Übersetzung den Vorzug geben[129]; bei anderen Werken u. U. dem Land, dessen Staatsangehörigkeit der Urheber besitzt[130]. Keinesfalls geht es jedoch an, das Recht des Landes mit der kürzeren Schutzfrist maßgeben zu lassen[131], denn auf der Ebene des Kollisionsrechts ist der materielle Inhalt der in Betracht zu ziehenden Rechte grundsätzlich ohne Bedeutung[132].

---

[127] *Troller* (RabelsZ 19 [1954] 8) hebt diesen Gesichtspunkt im Zusammenhang mit Art. 2 ÜbvM hervor. Wenn man es jedoch als einen Vorteil ansieht, daß im Ausland deutsches Urheberrecht angewandt wird, so sollte man umgekehrt in demselben Maße bereit sein, in Deutschland ausländisches Urheberrecht anzuwenden.
[128] Vgl. für die RBÜ: *Troller*, Verträge, 116.
[129] Vgl. *Desbois*, Fschr. Maridakis, 45.
[130] Für Filmwerke s. u. Nr. 96 f.
[131] So aber Art. 5 IV a RBÜ und Art. IV 6 WUA für den Verbandsschutz.
[132] Vgl. *Batiffol / Lagarde*, DIP II, Nr. 531. — Allgemein: *Neuhaus*, IPR, 43; *Keller*, schwJZ 68 (1972) 85 ff.

b) Inhalt des Veröffentlichungsbegriffs

89. Die erste Veröffentlichung ermöglicht also grundsätzlich eine angemessene, zeitlich und örtlich präzise Anknüpfung. Deren Brauchbarkeit für den Rechtsverkehr bestimmt sich jedoch weitgehend danach, welchen Inhalt man dem Veröffentlichungsbegriff zugrundelegt.

Einen international einheitlichen Begriff gibt es nicht, noch nicht einmal in den internationalen Konventionen. Art. VI WUA, der eine visuelle Wahrnehmbarkeit des Werkinhaltes verlangt, ist insoweit enger als Art. 3 III RBÜ[133]. Der in § 6 II URG verwandte Begriff des Erscheinens ist enger als der Veröffentlichungsbegriff in Absatz I, aber wiederum weiter als derjenige der RBÜ.

Je nach Zusammenhang erscheint einmal ein weiter, ein anderes Mal ein enger Veröffentlichungsbegriff wünschenswert. Den bildenden Künstlern in den USA liegt z. B. an einer engen Auslegung, da sie im Falle einer Veröffentlichung entweder das wenig ästhetische Copyright-Zeichen auf ihren Kunstwerken anbringen, oder aber auf einen Urheberrechtsschutz gänzlich verzichten müssen[134].

In unserem Zusammenhang gilt es, die Grenze zwischen Personalstatut und der lex publicationis richtig zu ziehen. Ein weiter Veröffentlichungsbegriff schränkt die Bedeutung des Personalstatuts ein. Das wäre wegen der kollisionsrechtlichen Überlegenheit der lex publicationis auf der einen Seite zwar zu begrüßen, andererseits aber einer sicheren und eindeutigen Bestimmung des Veröffentlichungslandes abträglich. Umgekehrt überläßt ein zu enger Veröffentlichungsbegriff zuviel dem Personalstatut, das für Werke, die bereits zum Gegenstand des Rechtsverkehrs geworden sind, unangemessen ist[135].

90. Zur Verdeutlichung des Problems folgende Beispiele:

(1) Ein Dichter liest im Freundeskreis eines seiner noch nicht gedruckten Werke vor.
(2) Im städtischen Konzertsaal findet die Uraufführung eines Werkes nach handgeschriebenem Notenmaterial statt.
(3) Im Rundfunk wird ein neues Hörspiel gesendet.
(4) In einem Kino wird ein noch nicht kopierter Film gezeigt.
(5) Die städtische Kunsthalle zeigt im Rahmen einer Sonderausstellung ein Gemälde.
(6) Das ausgestellte Gemälde wird gleichzeitig zum Verkauf angeboten.

---

[133] Vgl. *Bappert / Wagner*, Kommentar, Art. VI WUA, 1 und 8 ff.
[134] Dazu *Kunstadt*, Urheberrechtsschutz für ausländische Kunstwerke in den USA: Die ungelöste Frage der „Veröffentlichung", GRUR Int. 1977, 22.
[135] s. o. Nr. 75.

(7) An den Mauern des Rathauses hängt Kunst am Bau.
(8) Eine Schallplatte hat eine Auflage von einer Million Stück.
(9) Ein Buch eine Auflage von zwanzigtausend.

Eine Veröffentlichung im Sinne des Art. 3 III RBÜ stellen dabei nur die Fälle (8) und (9) dar. Art. VI WUA eliminiert davon sogar noch den Fall (8). Unter den Veröffentlichungsbegriff des § 6 I URG fallen die Nummern (2) bis (9). Ein Erscheinen im Sinne des § 6 II URG liegt in den Fällen (7) bis (9) vor.

91. Für den Bereich des Kollisionsrechts empfiehlt es sich, unabhängig von diesen divergierenden Veröffentlichungsbegriffen danach zu fragen, ob

— das Werk aus der Privatsphäre seines Urhebers in den Rechtsverkehr gelangt ist, und bejahendenfalls, ob
— sich dieses Ereignis mit ausreichender Sicherheit zeitlich und örtlich bestimmen läßt.

92. Die Aufführung eines Werkes vor einem Kreis individuell bestimmter, untereinander verbundener Personen[136] wie im Fall (1) bleibt in der Privatsphäre und stellt daher auf keinen Fall eine Veröffentlichung dar.

In allen anderen Fällen hat eine unbestimmte Vielzahl nicht mehr individualisierbarer Personen von dem Werk Kenntnis genommen. Damit bekommt die zweite Frage nach der Fixierbarkeit dieser Kenntnisnahme besonderes Gewicht.

Wird das Werk in körperlich vervielfältigter Form verbreitet wie in den Fällen (8) und (9), so haben wir den Normalfall der Veröffentlichung vor uns, der keine besonderen Schwierigkeiten bietet. Gleiches gilt für den Fall (7), wenn eine Plastik[137] untrennbar dergestalt mit einem Gebäude verbunden wird, daß sie dem Anblick beliebiger Dritter ausgesetzt ist.

Gemälde und andere bewegliche Kunstgegenstände bestehen zwar auch in körperlicher Form, lassen sich jedoch nicht ganz so leicht lokalisieren. Dabei erscheint es nicht sachgemäß, zwischen den Fällen (5) und (6) danach zu differenzieren, ob das auf einer öffentlich zugänglichen Ausstellung gezeigte Kunstwerk zum Verkauf angeboten wird oder nicht[138]. Denn lediglich das Werk soll veräußert, nicht aber das daran bestehende Urheberrecht übertragen werden[139]. Darauf abzu-

---
[136] Vgl. § 15 III URG.
[137] Entsprechend z. B. ein Wandgemälde oder Werke der Baukunst.
[138] So aber anscheinend *Desbois*, Fschr. Maridakis, 45.
[139] Zu diesem Unterschied s. o. Nr. 6.

stellen, ob das Fotografieren bzw. Kopieren der ausgestellten Werke erlaubt (dann Veröffentlichung) oder verboten war, und ob letzterenfalls das Verbot auch gehörig überwacht wurde, erscheint vielleicht einem mit der Kunst des distinguishing vertrauten amerikanischen Richter möglich[140], empfiehlt sich jedoch nicht, wenn man eine klar umrissene Kollisionsnorm anstrebt.

Entscheidend ist die regelmäßig vorhandene Nachprüfbarkeit von Zeit und Ort einer öffentlichen Ausstellung, so daß man keine Bedenken haben sollte, auch hier eine das Urheberrechtsstatut bestimmende Veröffentlichung anzunehmen. Eine Vervielfältigung des Werkes wird hierbei also nicht vorausgesetzt.

93. In der französischen Literatur wird des öfteren behauptet, die erste „représentation", also der direkte Kontakt des Publikums mit einem Werk[141], sei ein zufälliges Ereignis, von dem man das anwendbare Recht nicht abhängig machen dürfe[142]. So pauschal kann jedoch dieser von der französischen materiellrechtlichen Systematik beeinflußten Aussage für das Kollisionsrecht nicht zugestimmt werden. Zu häufig unterfiele dann nämlich das Urheberrecht auch an solchen Werken dem Personalstatut, deren erste Veröffentlichung sich mit ausreichender Sicherheit bestimmen läßt. Angenommen z. B., „The Mousetrap" von Agatha Christie sei nicht in Buchform erschienen, so könnte man das Stück doch angesichts des Millionenpublikums, das es im Laufe von 25 Jahren gefunden hat, nicht als kollisionsrechtlich unveröffentlicht betrachten.

Auch entbehrt es nicht eines gewissen Widerspruchs, wenn im Fall (4) ein Film, der der Öffentlichkeit vorgeführt wird, nur deshalb nicht veröffentlicht sein soll, weil noch keine ausreichende Anzahl von Kopien hergestellt wurde[143]. Ob hunderttausend Menschen nacheinander in dasselbe Kino gehen, oder ob sie sich auf hundert Kinos verteilen, das sollte für die Veröffentlichung eines Werkes keine Rolle spielen. Denn mit jeder Kopie wird zwar der Zugang des Publikums zu dem Filmwerk erleichtert, nicht mehr jedoch grundsätzlich eröffnet[144].

94. Bei einer Rundfunk- oder Fernsehsendung wie im Fall (3) fehlt es häufig überhaupt an einem das Werk verkörpernden Gegenstand.

---

[140] So in der Tat: *American Tobacco Co.* v. *Werckmeister*, 207 U.S. 284 (1907), 300.
[141] Im Gegensatz zur „reproduction", die den indirekten Kontakt mittels Vervielfältigungsstücken ermöglicht; vgl. Artt. 27 f. URG (frz.).
[142] Vgl. *Bartin*, Clunet 61 (1934) 795; *Terré*, Anm. zu Cass. 22.12.1959, rev.crit. 1960, 369; *Desbois*, Fschr. Maridakis, 44.
[143] So *Françon*, RIDA 74, 23.
[144] Zur Sonderregelung für Filmwerke s. u. Nr. 96 f.

9. Lex publicationis

Und doch wird damit ein Werk wirksamer bekanntgemacht als einige tausend gedruckte Exemplare es könnten. Tonbandgeräte und Videorecorder gestatten dem Publikum, dem Werk materielle Gestalt zu verleihen und es zu verwerten. Deutlicher als an diesem Beispiel läßt sich die Notwendigkeit, eine Veröffentlichung im Sinne des Kollisionsrechts auch ohne „Materialisation" anzunehmen, kaum zeigen. Für diese Fälle ist einzig die lex publicationis die angemessene Lösung und nicht das Personalstatut.

Läßt sich das Datum einer Rundfunksendung relativ leicht feststellen, so ist dies für lokale Ereignisse wie Konzerte und andere Aufführungen eines Werkes schon schwieriger, Fall (2). Da es sich jedoch bei der Erstveröffentlichung immer um eine Uraufführung handelt, wird deren Zeitpunkt im allgemeinen nicht so schnell in Vergessenheit geraten (Presseberichterstattung!); abgesehen vielleicht von Werken unbedeutenderer Urheber, die weniger Anlaß zu Rechtsstreitigkeiten geben werden.

Im übrigen handelt es sich dabei um eine Frage der Beweislast: Im Rahmen des geltenden Verhandlungsgrundsatzes ist es Sache der Parteien, die Tatsachen zu beweisen, auf die sich die Anwendbarkeit eines bestimmten Rechts stützt. Die Partei, die an der Anwendung eines für sie günstigeren ausländischen Rechts interessiert ist, muß also gegebenenfalls die Existenz einer früheren Veröffentlichung beweisen.

95. Zusammenfassend kann man den kollisionsrechtlichen Veröffentlichungsbegriff also als grundsätzlich gleichbedeutend mit dem in § 6 I URG verwandten bezeichnen[145]. Dies gilt insbesondere auch dafür, daß unter der Veröffentlichung nur das berechtigte Zugänglichmachen verstanden wird. Denn angesichts des berechtigten Interesses des Urhebers, selbst Ort und Zeit der Veröffentlichung seines Werkes zu bestimmen, darf man das anwendbare Recht nicht von dem Einbruch eines Unbefugten in die Privatsphäre des Urhebers abhängig machen[146].

Die Einschränkungen, denen das Urheberrecht an einem veröffentlichten, aber noch nicht erschienenen Werk unterliegt[147], zeigen, daß schon mit der Veröffentlichung das Werk sich von der Person seines

---

[145] *Ulmer*, RabelsZ 41 (1977) 496, behauptet die Existenz eines Veröffentlichungsbegriffes „im Sinn des internationalen Urheberrechts", gemeint sei das Erscheinen des Werkes. Abgesehen von dem Begriffsunterschied in der RBÜ und dem WUA (s. o. Nr. 89) ist der (nationale) kollisionsrechtliche Veröffentlichungsbegriff nicht zwingend gleichbedeutend mit dem des internationalen Urheberrechts, wie *Ulmer* anzunehmen scheint.

[146] s. o. Nr. 52. — Ob es sich um einen unbefugten Eingriff handelt, richtet sich dabei nach Tatortrecht.

[147] Vgl. §§ 12 II, 18, 51 Nr. 2 URG.

Urhebers unwiderruflich löst und in den Rechtsverkehr gelangt. Von der Veröffentlichung an unterliegt deshalb das Urheberrecht der lex publicationis als einem von der Person des Urhebers unabhängigen Statut. Die lex publicationis bestimmt dabei das Urheberrecht von dessen Entstehen an; ausgenommen nur die Fälle, in denen noch vor der Veröffentlichung ein Urheberrechtsprozeß rechtshängig geworden ist[148].

Die von *Ulmer*[149] befürchtete „bedenkliche Zäsur" ist bei dem hier vorgeschlagenen Veröffentlichungsbegriff nicht zu befürchten: Denn der Partner des Urhebers weiß bei Abschluß eines Vertrages z. B. über die Aufführung eines bisher unveröffentlichten Werkes genau, welches Recht das Urheberrecht beherrschen wird, denn er erwirbt das Urheberrecht ja gerade zur Veröffentlichung des Werkes, die dann das Urheberrechtsstatut auch rückwirkend bestimmt.

c) Filmwerke

96. Das Urheberrecht an Filmwerken weist in vielerlei Hinsicht Besonderheiten auf: Diese betreffen z. B. die Frage, wer erster Inhaber des Urheberrechts ist[150]. Ferner hat die oft unterschiedliche Staatsangehörigkeit von Miturhebern dazu geführt, daß für unveröffentlichte Filmwerke auf den Sitz des Herstellers und nicht auf das Personalstatut der Urheber abgestellt wurde[151].

Was den Zeitpunkt der Veröffentlichung eines Filmwerkes angeht, so besteht die weitere Besonderheit, daß ein Film nicht selten gleichzeitig in den Kinos mehrerer Länder anläuft. So erschien z. B. der Film „King Kong" an demselben Tag (17. 12. 1976) in 2200 Kinos der ganzen Welt[152]. Dabei verbietet sich ein Rückgriff auf das Personalstatut des Urhebers, wie es für gewöhnliche Fälle gleichzeitiger Veröffentlichung vorgeschlagen wurde[153], wegen der oft bestehenden Miturheberschaft von Angehörigen verschiedener Staaten.

97. Um all diesen Schwierigkeiten zu entgehen, sollte man deshalb für das Urheberrecht an Filmwerken[154] generell, also ohne Rücksicht

---

[148] Entsprechend der Regelung bei einem Staatsangehörigkeitswechsel des Autors; vgl. oben Nr. 81.
[149] RabelsZ 41 (1977) 496.
[150] s. o. Nr. 61.
[151] s. o. Nr. 79.
[152] Le Monde vom 21. 12. 1976, S. 21.
[153] s. o. Nr. 88.
[154] Unberührt bleiben selbstverständlich die Rechte an vorbestehenden Werken, sowie an denen, die eigens für den Film geschaffen wurden. Zur Abgrenzung des als Filmurheber in Betracht kommenden Personenkreises vgl. *Hubmann*, UrhR, 119 ff.

auf deren Veröffentlichung, das am tatsächlichen Sitz des Filmherstellers geltende Rechte maßgeben lassen[155]. Damit erhält man eine klare und praktische Anknüpfung, die sich auch internationalprivatrechtlich mit dem hohen finanziellen Risiko des Filmherstellers rechtfertigen läßt.

Die Gefahr, daß es daraufhin zu einem Exodus der Filmhersteller in ein Liechtenstein oder Delaware des Urheberrechts kommt, wird man nicht sehr hoch einzuschätzen haben, da der tatsächliche Sitz des Herstellers Filmstudios und vieles andere mehr erfordert als nur einen Briefkasten oder ein Ein-Mann-Büro.

Das Urheberrechtsstatut eines Filmwerkes läßt sich demnach am besten durch den tatsächlichen Sitz seines Herstellers bestimmen.

10. Zusammenfassung

98. Als Ergebnis der Untersuchungen zum Urheberrechtsstatut bleibt festzuhalten:

Abgesehen von der zuletzt beschriebenen Ausnahme für Filmwerke, unterliegt das Urheberrecht an unveröffentlichten Werken grundsätzlich dem Personalstatut des Autors, während auf das Urheberrecht an veröffentlichten Werken die lex publicationis Anwendung findet.

In dem folgenden Teil der Arbeit geht es darum festzustellen, inwieweit für Teilbereiche des Urheberrechts eine Abweichung von dem vorgeschlagenen Urheberrechtsstatut zugunsten der lex fori bzw. der lex loci delicti geboten ist.

---

[155] Vgl. *Ferrara-Santamaria*, RIDA 56, 99. — Für den Verbandsschutz: Artt. 4 a und 5 IV c i RBÜ. Mit Rücksicht auf Orchester-, Chor- und Bühnenaufführungen hat man in Art. 4 a Rom-Abkommen gleichfalls eine territoriale Anknüpfung für den Verbandsschutz gewählt; vgl. *Ulmer*, GRUR Int. 1961, 578.

III. Einzelfragen des Urheberrechts

1. Grundsätzliches

99. Die Abwägung zwischen den Interessen der Verwerter und denen der Urheber hat ergeben, daß die Interessen der Urheber an einer einheitlichen Anknüpfung den Vorrang verdienen, soweit es um die Frage geht, ob das Urheberrecht einheitlich oder uneinheitlich angeknüpft werden soll[1].

Doch, wollte man das Urheberrecht in allen seinen Bereichen, also z. B. Entstehen, Einschränkungen, Übergang, Erlöschen, unterschiedslos und ohne nähere Prüfung dem im Grundsatz befürworteten Urheberrechtsstatut unterstellen, so wäre die Interessenabwägung — wenn auch mit umgekehrtem Vorzeichen — genauso einseitig wie die der kritisierten herrschenden Meinung[2].

Unbestreitbar ist z. B. jedem Staat daran gelegen, im Interesse der auf seinem Territorium lebenden „Kulturverbraucher" die Beschränkungen zu bestimmen, denen die Urheberrechte dort unterliegen. Die Verwerter müssen z. B. wissen, welche Werknutzungen frei sind, oder ab wann ein Werk gemeinfrei wird.

Ausgehend von dem Grundsatz der einheitlichen Anknüpfung des Urheberrechts läßt sich den Verwerterinteressen für die noch näher zu bezeichnenden Einzelfragen des Urheberrechts auf zweierlei Weise Rechnung tragen: Entweder man mißt dem eigenen Urheberrechtsgesetz insoweit den Charakter des ordre public bei, oder man stellt für Teilbereiche des Urheberrechts eine eigene Kollisionsnorm auf.

100. Der Weg über den ordre public erscheint dabei nicht gangbar. Zunächst entsteht die Schwierigkeit, im Einzelfall die Reichweite des deutschen ordre public bestimmen zu müssen. Stattet man deshalb das Urheberrechtsgesetz des Forumstaates z. B. für den gesamten Regelungsbereich der unentgeltlichen Nutzung generell mit der Wirkung des ordre public aus, so muß dieser dennoch regelmäßig versagen, wenn eine im Ausland erfolgte Verletzung eines ausländischen Urheberrechts infragesteht, da es insoweit meist an einer hinreichenden Inlandsbeziehung fehlen wird.

---

[1] s. o. Nr. 56 ff.
[2] s. o. Nr. 56.

Ausländische Werknutzer könnten infolgedessen bei einer Verwertungshandlung nicht wissen, ob sie rechtmäßig handeln oder nicht: Denn kommt es in ihrem Land zum Prozeß, so gelten über den ordre public die Einschränkungen ihres nationalen Urheberrechtsgesetzes. Findet der Prozeß hingegen in einem anderen Land statt, kämen nicht die Einschränkungen des dort geltenden Urheberrechtsgesetzes, sondern diejenigen des Urheberrechtsstatuts zur Anwendung.

101. Auch wenn man anstelle des ordre public für die Einschränkungen des fremden Urheberrechts die eigene Kollisionsnorm der lex fori aufstellt, bliebe es bei der soeben beschriebenen für die Verwerter unerträglichen Situation, sobald lex fori und lex loci delicti auseinanderfielen; mit dem einzigen Unterschied, daß an die Stelle der Einschränkungen des Urheberrechtsstatuts die des jeweiligen Forumstaates träten.

Im Sinne der Rechtssicherheit für die Verwerter einzig angemessen ist daher die lex loci delicti für die Teilbereiche des Urheberrechts, in denen die Interessen der „Kulturverbraucher" denjenigen der Urheber vorzuziehen sind. Es ist deshalb zu untersuchen, welche Teilbereiche aus dem durch das Ursprungsland bestimmten Urheberrechtsstatut zugunsten der lex loci delicti ausgegliedert werden müssen.

2. Entstehen des Urheberrechts

102. In diesem Bereich stellen sich folgende Fragen[3]:
— nach dem Kreis der geschützten Werke (Nr. 103 f.),
— nach dem Erfordernis einer körperlichen Festlegung (Nr. 105),
— nach eventuellen Formalitäten (Nr. 106), sowie
— nach dem ersten Inhaber des Urheberrechts (Nr. 107).

103. Gehören sowohl der Forumstaat als auch das Ursprungsland der RBÜ an, so ergibt sich der Kreis der zu schützenden Werke in der Regel[4] schon aus der ausführlichen Beschreibung in Art. 2 I RBÜ. Nicht ganz so detailliert ist die Aufzählung in Art. I WUA, das anders als die RBÜ den Schutz von Werken der Baukunst nicht umfaßt.

Angenommen, in den USA oder einem anderen nicht der RBÜ angehörenden Land, das einen Urheberrechtsschutz von Werken der Baukunst nicht kennt, wird die Wallfahrtskirche von Ronchamp[5] nachgebaut. Die Klage wird in Deutschland erhoben.

---
[3] Zu diesem und den folgenden Abschnitten vgl. *Ulmer*, Gutachten, Nr. 50 ff.
[4] Ausnahmen können sich in seltenen Fällen infolge der Divergenz des hier vertretenen kollisionsrechtlichen Veröffentlichungsbegriffs zu dem des Art. 3 I RBÜ für den Verbandsschutz ergeben.
[5] Architekt Le Corbusier, Ursprungsland Frankreich.

III. Einzelfragen des Urheberrechts

Läßt man in diesem Fall mit *Ulmer*[6] die lex loci delicti über die Frage entscheiden, ob ein urheberrechtlich geschütztes Werk vorliegt, liefe der Verbandsschutz der RBÜ inhaltlich völlig leer, und das trotz der Verbandszugehörigkeit sowohl des Urhebers als auch des Werkes[7]. Läßt man dagegen das Recht des Ursprungslandes in dieser Frage maßgeben, so erreicht man für die meisten Fälle, in denen nach Art. 3 I RBÜ Verbandsschutz gewährt wird, daß dann auch eine Rechtsordnung zur Anwendung kommt, die einen entsprechenden inhaltlichen Schutzumfang aufweist.

Wollte man zugunsten der lex loci delicti entscheiden, so hieße das, einen Staat dafür zu belohnen, daß er nicht der RBÜ beigetreten ist und infolgedessen bestimmte Werke nicht schützt. Dies kann nicht im Sinn eines Verbandes zum Schutz der Urheber[8] liegen.

Bestimmt das Ursprungsland (im Beispiel: Frankreich) daher den Kreis der geschützten Werke, so ergibt sich ein eher theoretisches, denn praktisches Problem, sobald das Ursprungsland über Art. 2 I RBÜ hinausgehend weitere Werkarten schützt. In diesem Fall ließe sich ausnahmsweise durch Anwendung des ordre public ein billiges Ergebnis erzielen; eine Durchbrechung des Grundsatzes der einheitlichen Anknüpfung durch eine eigene Kollisionsnorm ist angesichts dieses seltenen Falles nicht erforderlich.

104. Gehört das Ursprungsland des Werkes keiner der internationalen Konventionen an, muß man entscheiden, ob für die Frage, ob ein Werk Urheberrechtsschutz genießt, von dem Recht des Ursprungslandes zugunsten des Deliktsstatuts abgewichen werden soll.

Gewährt das Ursprungsland für ein bestimmtes Werk selbst keinen Schutz, so kann ein nicht existierendes Urheberrecht folgerichtig auch nicht für das Gebiet des Verletzungsstaates geltend gemacht werden.

Zieht das verbandsfremde Ursprungsland den Kreis der geschützten Werke hingegen weiter als die lex loci delicti, so verdient das Recht des Ursprungslandes insoweit den Vorzug. Für die Bundesrepublik Deutschland als verbandsangehöriges Ursprungsland mit einem hochentwickelten Urheberrechtsschutz dürfte ein solcher Fall kaum praktisch werden, da ein Ursprungsland, das einen weitergehenden Urheberrechtsschutz gewährt als den in der RBÜ verankerten, regelmäßig auch

---

[6] Gutachten, Nr. 51; ferner *Hoffmann*, Ufita 11 (1938) 190 f. *OLG München* 27. 08. 1964, *Schulze* OLGZ Nr. 61, beruft sich dabei auf das WUA i. V. m. dem Grundsatz der Inländerbehandlung.

[7] Hier zeigt sich also noch einmal, daß es nicht sinnvoll ist, der RBÜ eine über das Fremdenrecht hinausgehende kollisionsrechtliche Aussage entnehmen zu wollen. Vgl. oben Nr. 33.

[8] Vgl. Art. 1 RBÜ.

der RBÜ angehören dürfte. Sind die deutschen Interessen aber weder als Ursprungsland noch als Land, in dem die Rechtsverletzung begangen wurde, betroffen, so besteht für uns keinerlei Interesse, ausgerechnet die ausländischen Verwerter mehr zu schützen als die ausländischen Urheber. Vielmehr sollte man dem das Urheberrecht zu gering achtenden Verletzungsstaat nicht auch noch die Hand zur Ausbeutung fremden „geistigen Eigentums" reichen, indem man die lex loci delicti entscheiden ließe. Eine Rücksichtnahme auf die Interessen der Verwerter im Lande der Rechtsverletzung ist deshalb nicht geboten. Über den Kreis der urheberrechtlich geschützten Werke kann daher auch in diesem Fall das Urheberrechtsstatut entscheiden.

105. Was das Erfordernis der körperlichen Festlegung des Werkes angeht, fehlt es an einer einheitlichen Regelung durch die internationalen Konventionen. Art. 2 II RBÜ überläßt die Antwort auf diese Frage den einzelnen Verbandsländern. So wird eine körperliche Festlegung nicht selten für pantomimische und choreografische Werke verlangt[9].

Für die Verwerflichkeit der unbefugten Benutzung eines fremden Werkes spielt es indes keine Rolle, ob das Werk auf einem materiellen Träger festgelegt wurde; zumal, da der Werknutzer häufig gar nicht wissen wird, ob eine körperliche Festlegung des Werkes erfolgt ist oder nicht. Hier fehlt es also an einem schützenswerten Interesse der Verwerter. Ein Abweichen von dem Recht des Ursprungslandes ist in dieser Frage deshalb nicht geboten[10].

106. Art. 5 II 1 RBÜ stellt die Formfreiheit des Urheberrechtsschutzes fest. Genießt der Urheber für sein Werk den Schutz der RBÜ, verbietet sich also jegliche Bezugnahme auf im Ursprungsland geltende Formvorschriften[11]. Art. III WUA, der rudimentäre Formerfordernisse aufrechterhält, zwingt den Forumstaat ebenfalls nicht, das Entstehen des Urheberrechts von der Beachtung der im Ursprungsland vorgeschriebenen Förmlichkeiten abhängig zu machen.

Auch außerhalb der Konventionen sollte man von der Erfüllung solcher Formvorschriften absehen. Denn es widerspricht dem starken Persönlichkeitsbezug des Urheberrechts und der Freiheit des geistigen Schaffens, das Entstehen des Urheberrechts an Förmlichkeiten zu binden[12].

---

[9] Vgl. z. B. Art. 3 URG (frz.); Art. 102 lit. a URG (USA).
[10] *Ulmer*, Gutachten, Nr. 51, unterstellt auch diese Frage seinem Grundsatz getreu dem Recht des Schutzlandes, also der lex loci delicti.
[11] Es sei denn, der Forumstaat selbst ist Ursprungsland; Art. 5 III RBÜ.
[12] Das gilt nicht für die Übertragung des Rechts; s. u. Nr. 117.

Anders wiederum *Ulmer*[13], der gegebenenfalls Förmlichkeiten der lex loci delicti beachten will. Dafür besteht jedoch kein Grund:

Als Verwerterinteresse ließe sich anführen, daß z. B. eine Registrierung des Urheberrechts Sicherheit über dessen Bestand verschaffen würde. Doch wenn wir in Deutschland selbst die Verwerter durch kein Register schützen, um so weniger besteht dann Anlaß, ausländische Verwerter durch Anwendung der Formvorschriften ihres Urheberrechtsgesetzes zu Lasten der u. U. deutschen Urheber oder deren Rechtsnachfolger zu schützen.

Ausländische Formvorschriften für das Entstehen des Urheberrechts sind deshalb für uns schlechthin unbeachtlich.

107. Die mit der ersten Inhaberschaft des Urheberrechts an Film- und Arbeitnehmerwerken verbundenen Probleme haben uns bereits oben dazu geführt, das Urheberrecht einheitlich anzuknüpfen, um den Verwertungsschwierigkeiten zu entgehen, die mit einer Anknüpfung an die lex loci delicti zwangsläufig verbunden sind[14]. Die Interessen der „Kulturverbraucher" werden dadurch, daß das Urheberrechtsstatut über den Inhaber des Urheberrechts bestimmt, nicht beeinträchtigt:

Wer Inhaber des Urheberrechts ist, ist für den Verwerter gleichgültig, soweit die freie Nutzung eines Werkes in Frage steht und man darüber die lex loci delicti entscheiden läßt[15]. Wenn es einmal für die Schutzfristberechnung entscheidend auf die Person des Urhebers ankommt, so kann man speziell für diesen Zusammenhang die Frage nach dem Urheber als Vorfrage dem Recht unterstellen, das für die Schutzfrist selbst gilt.

Sollen Nutzungsrechte erworben werden, so hat der Verwerter in den Vertragsverhandlungen Gelegenheit, sich über das Ursprungsland des Werkes und somit über die Person des Berechtigten zu erkundigen. Dies ist nicht schwieriger oder unzumutbarer als bei einem Erwerb irgendeines anderen ausländischen Rechts.

---

[13] Gutachten, Nr. 51.
[14] s. o. Nr. 61 ff. — So hat z. B. in dem Fall *Cass.* 22. 12. 1959 („Rideau de Fer"), D.1960.93; Vorinstanz *Paris* 13. 01. 1953, J.C.P. 1953.II.7667, das Recht des Ursprungslandes zumindest über die Person des Urheberrechtsberechtigten entschieden (wieweit darüber hinaus ist umstritten). Die Formulierung: „le droit privatif des auteurs étant établi ..." legt das auch in anderen Fällen nahe; vgl. *Plaisant*, J.Cl.dr.int. fasc. 563-A Nr. 88. — Die Frage nach dem ersten Inhaber des Urheberrechts beantworten dagegen ausdrücklich mit der lex loci delicti u. a.: *Ulmer*, Gutachten, Nr. 54 ff.; *Erlanger*, nouv.rev. 4 (1937) 311; *Hoffmann*, Ufita 11 (1938) 191.
[15] s. u. Nr. 111, 127.

3. Inhalt des Urheberrechts

108. Die Interessen der Verwerter werden unmittelbar berührt, wenn es den Inhalt des Urheberrechts zu bestimmen gilt. Die hier auftauchenden Fragen nach den urheberrechtlichen Befugnissen und deren Einschränkungen stellen dabei zwei verschiedene Seiten derselben Medaille dar. Jede Einschränkung schmälert die urheberrechtlichen Befugnisse, u. U. sogar bis zu deren vollständigem Entfallen. Deshalb auf eine Trennung dieser beiden Fragen von vornherein zu verzichten und sie als Ganzes der lex loci delicti zu unterstellen[16], erscheint dennoch nicht angebracht.

109. Die Geltung des Deliktsstatuts für die Frage, welche Befugnisse das Urheberrecht umfaßt, würde eine weitgehende Einschränkung des einheitlichen Urheberrechtsstatuts bedeuten. Zwar würden das Entstehen des Urheberrechts und insbesondere dessen erster Inhaber von dem Recht des Ursprungslandes bestimmt, das Urheberrecht selbst bliebe aber eine leere Hülle, in die das Land der Urheberrechtsverletzung nach Belieben viel oder wenig an Inhalt hineingeben könnte.

Es wird immer Länder geben, die, gleich mit welcher Zielsetzung, ihre Verwerter zum Nachdruck ermuntern, indem sie insbesondere ausländische Werke nicht oder nicht ausreichend schützen. Bekanntestes Beispiel hierfür war die Sowjetunion[17] bis zu ihrem Beitritt zum WUA im Jahre 1973. Für uns besteht kein Anlaß, diesen Interessen des Verletzungsstaates dadurch entgegenzukommen, daß wir den Inhalt des Urheberrechts der lex loci delicti unterstellen. Die lex loci delicti als das Recht desjenigen, gegen den der Urheber geschützt werden soll, ist deshalb grundsätzlich ungeeignet, die urheberrechtlichen Befugnisse zu bestimmen.

Andererseits müssen die Verwerter den Inhalt eines ausländischen Urheberrechts feststellen können, ohne erst eingehende, dem einzelnen oft gar nicht mögliche Untersuchungen über das Ursprungsland und dessen Recht anstellen zu müssen.

Es muß daher ein Kompromiß gefunden werden, der einerseits im Interesse der Urheber eine genügende inhaltliche Ausgestaltung des

---

[16] Vgl. *Ulmer*, Gutachten, Nr. 52; ferner *Hoffmann*, Ufita 11 (1938) 192; *von Bar*, IPR II, 237. — So hat z. B. das *LG München I* (04. 07. 1972, IPRspr 1973 Nr. 108) einem französischen Filmschauspieler das nach französischem Recht gegebene Recht auf Namensnennung abgesprochen, da in Deutschland den ausübenden Künstlern ein solches Recht nicht gesetzlich zusteht. — Den Inhalt des Urheberrechts nach dem Recht des Ursprungslandes bestimmen will *Batiffol*, Anm. zu *Cass.* 29. 04. 1970, rev.crit. 1971, 272 f.

[17] Vgl. *Oberstes Gericht der UdSSR* 17. 08. 1959 („Conan Doyle"), RIDA 28, 172 ff.

Urheberrechts ermöglicht, der andererseits aber den Verwertern die Rechtssicherheit gibt, die sie brauchen, indem man sie einem Recht unterwirft, von dem Kenntnis zu nehmen, ihnen zumutbar ist.

110. Da weder das Deliktsstatut noch das Recht des Ursprungslandes beide Anforderungen zugleich erfüllen, eine dritte kollisionsrechtliche Lösungsmöglichkeit aber nicht besteht, bleibt als Ausweg nur, das Deliktsstatut durch materiellrechtliche Mindestrechte so zu ergänzen, daß es für die Urheber annehmbar wird. So läßt sich für Werke, die den Verbandsschutz der RBÜ genießen, eine ausreichende inhaltliche Ausgestaltung des Urheberrechts dadurch erreichen, daß man dem Urheber gestattet, sich unabhängig von der lex loci delicti auf die in der RBÜ festgelegten Mindestrechte zu berufen. Die in Artt. 6 bis, 8 f., 11 ff. RBÜ ausführlich aufgeführten Mindestrechte decken dabei im wesentlichen die in der Bundesrepublik Deutschland anerkannten urheberrechtlichen Befugnisse ab[18]. Nur für das Verbreitungsrecht[19] verweist die RBÜ den Urheber allein auf den Grundsatz der Inländerbehandlung[20].

Läßt man die Mindestrechte der RBÜ unabhängig davon gelten, ob der Verletzungsstaat der RBÜ angehört, so kann man also die Bestimmung der urheberrechtlichen Befugnisse der lex loci delicti überlassen, ohne dabei die Wirksamkeit des Urheberrechtsschutzes in Frage zu stellen. Dem Vorteil für die Verwerter, den Inhalt eines ausländischen Urheberrechts unabhängig von dessen Statut, allein anhand ihres eigenen Rechts und den Mindestrechten der RBÜ, deren Kenntnis man von den Verwertern erwarten darf, feststellen zu können, entspricht der Nachteil für die Urheber, u. U. im Verletzungsstaat auf eine Befugnis verzichten zu müssen, die das Urheberrechtsstatut umfaßt. Das wird man aber hinnehmen können, zumal der Urheber ebensogut durch die lex loci delicti in den Genuß von Befugnissen kommen kann, die dem Urheberrechtsstatut unbekannt sind.

111. Das Recht des Landes, in dem das Urheberrecht verwertet wird, bestimmt auch über die Einschränkungen, denen das Urheberrecht in dem betreffenden Land unterliegt. Für das deutsche Recht enthalten die §§ 45 ff. URG eine umfangreiche Aufzählung solcher Schranken. Eine Parallele für das Sacheigentum stellen z. B. §§ 904, 906 BGB dar. Diese Schranken kann man auch als Rechtfertigungsgründe auffassen, mit der für das internationale Deliktsrecht anerkannten Folge, daß sie dem Deliktsstatut unterfallen[21]. Solange der Verwerter sich innerhalb

---
[18] Vgl. §§ 12 ff. URG.
[19] § 17 URG. Für das Folgerecht s. u. Nr. 112.
[20] Das französische Recht z. B. kennt ein Verbreitungsrecht nicht.
[21] Vgl. statt aller *Soergel / Kegel*, Art. 12 EGBGB, 46 m. w. N.

der Schranken des im Verwertungsland geltenden Urheberrechtsgesetzes bewegt, handelt er nicht rechtswidrig, verletzt also ein ausländisches Urheberrecht nicht. Die jeweils bestehenden Schranken des Urheberrechts werden deshalb von der lex loci delicti bestimmt.

112. Das Folgerecht als Recht auf Beteiligung am Erlös aus dem Verkauf eines Originalwerkes der bildenden Künste oder einer Originalhandschrift eines Schriftstellers oder Komponisten[22] ist ein relativ junges Recht, dessen Ausgestaltung noch erheblich von Land zu Land differiert[23]. Deshalb erfährt das Folgerecht im internationalen Bereich regelmäßig eine Sonderbehandlung[24]. Gleichgültig, ob das Folgerecht im Urheberrechtsgesetz oder wie z. B. in Belgien in einem Sondergesetz geregelt ist: Es handelt sich immer um eine urheberrechtliche Befugnis, auf die das Assimilationsprinzip grundsätzlich Anwendung findet[25]. Diesen Grundsatz schränkt Art. 14 ter II RBÜ jedoch erheblich ein. Zum einen durch eine Reziprozitätsregel, zum andern, indem die Entscheidung über Gewährung und Ausgestaltung des Folgerechts den Verbandsländern freigestellt wird. Sind jedoch das Folgerecht eingeführt und die materielle Gegenseitigkeit verbürgt, so gilt der Grundsatz der Inländerbehandlung; fremdenrechtliche Regelungen zu Lasten verbandsangehöriger Urheber sind dann — ohne Rücksicht auf die Interessen des nationalen Kunsthandels — nicht mehr zulässig[26].

Das Folgerecht fällt deshalb nicht unter die konventionseigenen Mindestrechte. Ob es dem Urheber zusteht, bestimmt daher wie für das Verbreitungsrecht allein das Deliktsstatut, hier also das Recht des Verkaufsortes, das Recht des Ortes, an dem eine Erlösbeteiligung hätte abgeführt werden müssen[27].

---

[22] Vgl. § 26 URG, Art. 14 ter I RBÜ.

[23] z. B. in der Höhe der Beteiligung; in der Frage, ob auch private Verkäufe erfaßt werden, ob ein Gewinn erzielt worden sein muß; ob auch Originalhandschriften unter das Folgerecht fallen, usw. Vgl. *Katzenberger*, Das Folgerecht im deutschen und ausländischen Urheberrecht, München 1970.

[24] Vgl. Art. 14 ter II RBÜ, § 121 V URG.

[25] So zumindest seit Art. 14 bis RBÜ (BrF). Für die Zeit davor vgl. *Walter*, ZfRV 14 (1973) 111 Fn. 5 m. w. N.; *Ulmer*, RabelsZ 37 (1973) 504 ff. Anders für das WUA, vgl. *Ulmer*, ebd., 513.

[26] Vgl. *BGH* 23. 06. 1978 („Jeannot"), GRUR 1978, 639, 640; *Walter*, ZfRV 14 (1973) 118 ff.; *Nordemann*, Ufita 80 (1977) 26 f. — Zu Art. 14 ter RBÜ: *Ulmer*, Le droit de suite et sa réglementation dans la convention de Berne, in: Hommage à Henri Desbois, Paris 1974, S. 89 ff., 95 ff., 97; *Desbois / Françon / Kerever*, Nr. 157.

[27] Vgl. *Plaisant*, RIDA 35, 69. — Vgl. auch den Anwendungsbereich des § 986 California Civil Code; dazu: *Kunstadt*, Folgerecht im amerikanischen Bundesstaat Kalifornien, GRUR Int. 1977, 325.

III. Einzelfragen des Urheberrechts

4. Übertragung des Urheberrechts

113. Zu dem Kreis der hiermit angesprochenen Probleme gehören:

— die Übertragbarkeit des Urheberrechts (Nr. 114),
— die Verfügung über das Recht (Nr. 115),
— die Form dieser Verfügungsverträge (Nr. 117),
— der gutgläubige Erwerb von Urheberrechten (Nr. 118 f.) und
— deren Vererbung (Nr. 120).

114. Die Übertragbarkeit des Urheberrechts an die jeweilige lex loci delicti zu binden[28], empfiehlt sich wegen der damit verbundenen Verwertungsschwierigkeiten nicht[29]. Diese Schwierigkeiten vermeiden sowohl eine Anknüpfung an das Vertragsstatut als auch eine solche an das Ursprungsland.

Für das Vertragsstatut[30] im Gegensatz zum Deliktsstatut wird angeführt, es ermögliche eine überall einheitliche Beurteilung des Vertrages[31]. Das stimmt, gilt aber genauso, wenn man das Urheberrechtsstatut über die Übertragbarkeit des Urheberrechts entscheiden läßt. Die die Übertragbarkeit einschränkenden Vorschriften[32] dienen dem Schutz des Urhebers. Sie sollen verhindern, daß der Urheber in einer finanziellen Notsituation unbedacht Rechte veräußert, deren Wert er noch gar nicht abschätzen kann. Diesen Schutz vor sich selbst könnte der Urheber im Einverständnis mit seinem Vertragspartner durch die Wahl eines bestimmten Vertragsstatuts umgehen, wenn dieses gleichzeitig die Übertragbarkeit des Urheberrechts regelt[33].

Im richtig verstandenen Interesse des Urhebers liegt es deshalb, das Urheberrechtsstatut in dieser Frage entscheiden zu lassen. Dafür spricht

---

[28] Nachweise s. o. Nr. 65 Fn. 75 und 79; ferner *OLG Hamburg* 27. 03. 1958 („Bäckerkalender"), IPRspr 1958/59 Nr. 152; gegen *OLG München* 25. 02. 1952, *Schulze* OLGZ Nr. 2.

[29] s. o. Nr. 65.

[30] Zu der hier nicht zu erörternden Bestimmung des Vertragsstatuts vgl. vor allem: *Mackensen*, Verlagsvertrag, insbes. S. 104 ff.; *Ulmer*, Gutachten, Nr. 73 ff.; s. auch *Kunz*, travaux, 21 ff.

[31] *Nimmer*, GRUR Int. 1973, 303. *Walter*, Vertragsfreiheit, 148 ff., will danach differenzieren, ob die Vorschriften über die Unübertragbarkeit den Schutz der Persönlichkeit des Urhebers (dann Deliktsstatut) oder den gerechten Interessenausgleich zwischen den Vertragspartnern beabsichtigen (dann Vertragsstatut).

[32] s. o. Nr. 65.

[33] Vgl. *Mackensen*, Verlagsvertrag, 67. — Jedenfalls nicht nach dem englischen Vertragsstatut wurde die Übertragbarkeit des Copyright beurteilt in *Campbell Connelly & Co., Ltd. v. Noble* (1963) 1 All E.R. 237. Vgl. auch *Dicey / Morris*, Conflict, Rule 83.

4. Übertragung des Urheberrechts

auch, daß die Übertragbarkeit eines Rechts[34] zu dessen wesentlichen Eigenschaften gehört und daher demselben Recht unterstehen sollte wie das Urheberrecht selbst[35], also dem Urheberrechtsstatut[36]. Interessen der Verwerter stehen dem nicht entgegen. Ihnen ist es, wie schon bei der Frage nach dem Inhaber des Urheberrechts[37], zuzumuten, sich nach den im Ursprungsland bestehenden Grenzen der Übertragbarkeit zu erkundigen.

Eine Ausnahme wird man noch für das Folgerecht machen müssen. Solange dieses Recht noch nicht zu einem selbstverständlichen Mindestrecht geworden ist, sondern dessen Gewährung nach der in Art. 14 ter II RBÜ zum Ausdruck gelangten gemeinsamen Überzeugung dem Belieben der Verbandsländer überlassen bleibt, solange wird man mit dem Bestand des Folgerechts selbst[38] auch dessen Übertragbarkeit[39] allein der lex loci delicti entnehmen müssen.

115. Die Frage, ob es für die Übertragung des Urheberrechts bzw. für die Einräumung von Nutzungsrechten[40] neben dem schuldrechtlichen Geschäft noch eines zusätzlichen Verfügungsgeschäftes bedarf, wird in den meisten Ländern verneint. In Deutschland hingegen gilt auch im Urheberrecht das Abstraktionsprinzip[41].

Ulmer[42] möchte für die Übertragung des Urheberrechts das Abstraktionsprinzip zugunsten des Vertragsstatuts aufgeben[43]. Die Tatsache, daß Verpflichtung und Verfügung meist in demselben Vertrag geregelt werden, spricht jedoch noch nicht gegen das Abstraktionsprinzip, welches das gesamte Sachenrecht beherrscht[44]. Auf dieses braucht man im

---

[34] Entsprechendes gilt für die Vererbbarkeit des Rechts.
[35] Für Forderungen enthält diesen Gedanken Art. 16 II des Vorentwurfs Schuldrecht.
[36] Vgl. *Auteri*, Anm. zu Mailand 22. 12. 1965 („Esperanza"), GRUR Int. 1968, 170 f.; *Auteri* versteht unter dem Urheberrechtsstatut jedoch die lex loci delicti.
[37] s. o. Nr. 107.
[38] s. o. Nr. 112.
[39] Vgl. z. B. § 26 II URG; Art. 42 I URG (frz.).
[40] In Deutschland (§ 29 URG) sowie in zahlreichen anderen Ländern ist das Urheberrecht als Ganzes grundsätzlich unübertragbar; es können nur Nutzungsrechte eingeräumt werden. Anders im anglo-amerikanischen Recht; vgl. dazu *Ulmer*, Gutachten, Nr. 59 ff.
[41] Vgl. BGH 15. 04. 1958, Z 27, 90, 95 f.; *Hubmann*, UrhR, 200; *Ulmer*, UrhR, 313 f.
[42] Gutachten, Nr. 67; ihm folgend *Drobnig*, RabelsZ 40 (1976) 203 f.
[43] Die dingliche Rechtslage beurteilen ebenfalls nach dem Vertragsstatut: Mailand 22. 12. 1965 („Esperanza"), GRUR Int. 1968, 167; *Nimmer*, GRUR Int. 1973, 303.
[44] Auch zwischen der Einräumung von dinglichen und rein obligatorischen einfachen Nutzungsrechten läßt sich wohl unterscheiden. Vgl. § 33 URG; *Hubmann*, UrhR, 189 f. Vgl. auch *Kraßer*, GRUR Int. 1973, 233 ff.; *Ulmer*, Gutachten, Nr. 66.

Urheberrecht ebensowenig zu verzichten wie im Sachenrecht. Schwierigkeiten treten nur auf, solange man als einzige Alternative zum Vertragsstatut das Deliktsstatut sieht[45]. Denn in diesem Fall wäre der Urheber in der Übertragung der Weltrechte stark behindert[46].

Diese Schwierigkeiten vermeidet das Urheberrechtsstatut[47], wenn man es über Urheberrechtsverfügungen[48], insbesondere über deren abstrakten oder kausalen Charakter, entscheiden läßt. Diese Regelung fände eine Parallele im internationalen Sachenrecht, demzufolge alle ein Recht betreffenden dinglichen Fragen dem Sachstatut unterfallen[49].

116. Unterliegt die Verfügung über das Urheberrecht, d. h. die Übertragung oder Einräumung von Nutzungsrechten, dem Urheberrechtsstatut, so muß dies auch für das mit dinglicher Wirkung[50] ausgestattete Rückrufsrecht wegen Nichtausübung (§ 41 URG) bzw. wegen gewandelter Überzeugung (§ 42 URG) gelten. Denn es handelt sich hierbei weniger um eine Inhaltsbestimmung des Urheberrechts als vielmehr um eine mit der Verfügung zusammenhängende Frage der Rückübertragung. Ob dem Urheber ein Rückrufsrecht gesetzlich[51] zusteht, sagt deshalb das Recht des Ursprungslandes.

117. Während in Deutschland der Urheber über sein Recht grundsätzlich formlos verfügen kann[52], verlangen andere Länder für Urheberrechtsverfügungen die Einhaltung der Schriftform[53]. Solche Formvorschriften verstoßen nicht etwa gegen Art. 5 II 1 RBÜ, da das dort angesprochene Verbot von Förmlichkeiten sich nur auf das Entstehen des Urheberrechts, nicht auf dessen Übertragung bezieht[54].

---

[45] Der lex loci delicti wollen das Verfügungsgeschäft unterstellen: *Auteri*, Anm. zu *Mailand*, ebd., 171 (insbes. zum Abstraktionsprinzip); *Mackensen*, Verlagsvertrag, 65 ff.; *Soergel / Kegel*, Anhang Art. 7 EGBGB, 19. Vgl. auch *Kegel*, IPR, 285.

[46] s. o. Nr. 65. Vgl. *Seine* 15. 02. 1958, J.C.P. 1959.II.11133, conclusions *Souleau*.

[47] Im Fall *Seine*, ebd., konnte eine Entscheidung zwischen dem Recht des Ursprungslandes und dem Vertragsstatut offenbleiben.

[48] Hierher gehört u. a. auch die Frage, ob die Übertragung von Urheberrechten zur Herstellung eines Filmwerkes nur dann von einer Bedingung abhängig gemacht werden kann, wenn diese „clause résolutoire" in ein Register eingetragen wurde. So in *Frankreich* (Art. 32 III Code du Cinéma) und *Belgien* (Art. 3 III des arrêté ministériel vom 17. 11. 1972, Moniteur Belge vom 20. 12. 1972, S. 14199 ff.).

[49] Vgl. nur *Ferid*. IPR, 7 - 9 ff.; *Soergel / Kegel*, vor Art. 7 EGBGB, 341 m. w. N.

[50] §§ 41 V, 42 V URG.

[51] Unbenommen bleibt selbstverständlich dessen vertragliche Einräumung.

[52] Anders z. B. für die Verpflichtung zur Einräumung von Nutzungsrechten an nicht näher bestimmten künftigen Werken, § 40 URG.

[53] Vgl. dazu *Ulmer*, Gutachten, Nr. 63; z. B. Art. 204 URG (USA).

[54] *Bappert / Wagner*, Kommentar, Art. 4 RBÜ, 21; *Baum*, GRUR 1932, 927 ff.; *Hoffmann*, BÜ, 92 f.

4. Übertragung des Urheberrechts

Entscheidet ausschließlich das Deliktsstatut über die erforderliche Form[55], so müßte der Urheber bei der Übertragung von Weltrechten gleichzeitig die Formen aller Länder wahren. Vorgeschlagen wird deshalb, die Form nach dem Vertragsstatut oder der lex loci actus zu beurteilen, je nachdem welches Recht der Gültigkeit des Geschäftes günstiger ist[56]. Gegen die Geltung der lex loci actus[57] scheint zu sprechen, daß es sich um eine Verfügung über ein Recht handelt[58]. Jedoch ist die Durchsetzbarkeit der Übertragung eines Immaterialgüterrechts nicht von dem Ursprungsland abhängig. Anders als bei körperlichen Gegenständen muß das Verkehrsinteresse hier nicht dem Durchsetzbarkeitsinteresse weichen[59].

Unterschiede in der Beurteilung der Gültigkeit eines bestimmten Rechtsüberganges können sich dann allerdings in den seltenen Fällen ergeben, in denen das Ursprungsland dem Abstraktionsprinzip folgt und für das Verfügungsgeschäft die Einhaltung einer Form vorschreibt, die das Vertragsstatut nicht verlangt[60].

Die Form der Urheberrechtsverfügung wie für das Sachenrecht gemäß Art. 11 II EGBGB ausschließlich dem Urheberrechtsstatut zu unterstellen, ist daher eine denkbare Lösung, angesichts der Schwäche des Durchsetzbarkeitsinteresses jedoch nicht zwingend notwendig. Im Verkehrsinteresse sollte es deshalb bei der Wahlmöglichkeit zwischen der lex loci actus und dem Urheberrechtsstatut bleiben.

118. Einen gutgläubigen Erwerb eines Nutzungsrechts möchte man auf den ersten Blick für ebenso unmöglich halten wie einen gutgläubigen Forderungserwerb. Für Deutschland[61] sowie für viele weitere Länder trifft das auch zu. Italien hingegen z. B. kennt einen gutgläubigen Erwerb von Nutzungsrechten[62]; in Großbritannien und den USA kann die Lizenz einem späteren gutgläubigen Erwerber des Copyright nicht entgegengehalten werden[63].

---

[55] So *Erlanger*, nouv.rev. 4 (1937) 316; *Mezger*, in Anm., nouv.rev. 5 (1938) 661.

[56] Entsprechend Art. 11 I EGBGB. *Ulmer*, Gutachten, Nr. 82; *Troller*, IPR, 178; ders., Studi, 1132 ff.; so auch *Cass*. 28. 05. 1963 („The Kid"), J.C.P. 1963. II.13347; Vorinstanz *Paris* 29. 04. 1959, J.C.P. 1959.II.11134.

[57] Dagegen ausdrücklich: *Baum*, GRUR 1932, 931 ff.; *Wolff*, PIL, 547 f.; *Dicey / Morris*, Conflict, 551 (Illustration 9); s. Art. 36 III URG (brit.).

[58] Vgl. Art. 11 II EGBGB.

[59] *Soergel / Kegel*, Art. 11 EGBGB, 11 m. w. N. Zu den hinter Art. 11 II EGBGB stehenden Interessen vgl. *Staudinger / Firsching*, Art. 11 EGBGB, 154; *Kegel*, IPR, 281.

[60] Es sei denn, man folgt dem Vorschlag von *Batiffol* (Anm. zu *Cass*. 29. 04. 1970, rev.crit. 1971, 273), den gesamten Vertrag mangels abweichender Parteivereinbarung dem Urheberrechtsstatut zu unterstellen.

[61] *BGH* 12. 02. 1952, Z 5, 116, 119; s. auch § 33 URG.

[62] Vgl. *Ulmer*, Gutachten, Nr. 62 m. w. N.

III. Einzelfragen des Urheberrechts

Unterstellt man den gutgläubigen Erwerb eines Nutzungsrechts dem Recht des jeweiligen Schutzlandes[64], so führt dies zu einer international uneinheitlichen Beurteilung des Rechtsinhabers: Wurden sowohl dem Erst- als auch dem gutgläubigen Zweiterwerber die Weltrechte übertragen, so erhält keiner von beiden das Gewollte, sondern jeder nur territorial begrenzte Teilrechte, je nachdem, ob das Schutzland einen gutgläubigen Erwerb zuläßt oder nicht.

Mit dem Übergang zum Universalitätsprinzip wäre deshalb allenfalls das Urheberrechtsstatut in der Frage des gutgläubigen Erwerbs zuständig[65], mit dem Vorteil einer einheitlichen Beurteilung.

Berechtigte, für das Deliktsstatut sprechende Verkehrsinteressen bestehen nicht: Bei dem Urheberrecht als einem immateriellen Gut fehlt es nämlich, anders als bei einem gutgläubigen Erwerb des Eigentums an einer Sache, an einem das Vertrauen des Zweiterwerbers rechtfertigenden Tatbestand. Wie einem Forderungsinhaber, so fehlt auch dem Urheberrechtsberechtigten jegliches äußere Zeichen seiner Rechtsinhaberschaft. Allein das Vertrauen des Erwerbers auf den treuen Augenaufschlag desjenigen, der einmal Inhaber des Urheberrechts oder eines Nutzungsrechts gewesen ist, ist nicht schützenswert.

Gilt daher das Urheberrechtsstatut für den gutgläubigen Erwerb von Nutzungsrechten, so bleibt es eine Frage des ordre public, ob wir einem Zweiterwerber des Nutzungsrechts, u. U. zu Lasten eines inländischen Rechtsinhabers, überhaupt die Hand zu einem gutgläubigen Erwerb reichen wollen.

119. Spricht das Fehlen eines Vertrauenstatbestandes grundsätzlich dagegen, einen gutgläubigen Erwerb eines Nutzungsrechts überhaupt zuzulassen, so ist die Lage möglicherweise anders, wenn ein mit Publizitätswirkung[66] ausgestattetes Register geführt wird, in das die Übertragung des Urheberrechts eingetragen werden muß, um sie einem gutgläubigen Zweiterwerber entgegenhalten zu können. Das ist z. B. in den USA[67] und für den Erwerb von Rechten an Filmwerken in weitem Umfang auch in Frankreich[68] und Belgien[69] der Fall.

---

[63] Art. 36 IV URG (brit.); Art. 205 lit. e URG (USA); vgl. *Ulmer*, Gutachten, Nr. 62.

[64] *Ulmer*, Gutachten, Nr. 71; *Cass.* 29. 07. 1958, *Schulze* Italien Nr. 3, mit Anm. *Fabiani*.

[65] Wie auch schon für Urheberrechtsverfügungen, s. o. Nr. 115.

[66] Ein Urheberrechtsregister mit bloßer Vermutungswirkung (vgl. Art. 103 URG [it.]) genügt hingegen nicht.

[67] Dazu *Ulmer*, Gutachten, Nr. 62, 64.

[68] Art. 33 Code du Cinéma; dazu auch *Cass.* 28. 05. 1963, J.C.P. 1963.II.13345 mit Anm. *Malaurie*.

[69] Artt. 5 f. des arrêté ministériel vom 17. 11. 1972 (s. o. Nr. 115 Fn. 48).

4. Übertragung des Urheberrechts

Solange jedes Land für die Übertragung von Urheberrechten an Werken, die auf seinem Territorium verwertet werden sollen, ein eigenes Register führt, lassen sich Universalitätsprinzip und Schutz des gutgläubigen Zweiterwerbers nicht vereinbaren. Das Universalitätsprinzip verlangt nach dem Recht des Ursprungslandes für Verfügungen über das Urheberrecht, wohingegen der Zweiterwerber nur durch die Geltung des Rechts des Registerortes, also des Schutzlandes im Sinne von *Ulmer*[70], geschützt werden kann.

Angesichts der grundsätzlichen minderen Schutzwürdigkeit des gutgläubigen Zweiterwerbers gegenüber dem ursprünglichen Inhaber des Nutzungsrechts besteht kein Bedürfnis, vom Urheberrechtsstatut abweichend das Recht eines Staates anzuwenden, der ein in seiner Wirkung territorial beschränktes Register führt. Dem Interesse an einem Entscheidungseinklang mit dem betreffenden Staat steht als stärkeres Ineresse die einheitliche Bestimmung des Urheberrechtsberechtigten gegenüber.

Hält man einen Gutglaubensschutz im Urheberrecht für angezeigt, so sollte man sich deshalb de lege ferenda international auf die Führung eines einzigen Registers im Ursprungsland des Werkes verständigen. Für den Bereich des Films erscheint eine solche Regelung sinnvoll, um den Kreditgebern eine klare Beurteilung der Rechtslage zu ermöglichen. Dabei bietet sich eine international einheitliche Registrierung am Sitz des Produzenten, als gleichzeitig dem Ursprungsland des Filmes[71] geradezu an[72].

120. Die Frage, auf wen das Urheberrecht im Erbfall übergeht, beantwortet grundsätzlich das Personalstatut des Autors[73].

Eine Ausnahme von dieser Regel sieht *Drobnig*[74] in Art. 6 bis II 1 RBÜ. Er glaubt, dieser Vorschrift für die Vererbung des Urheberpersönlichkeitsrechts die Geltung des Deliktsstatuts und damit eine Nachlaßspaltung entnehmen zu müssen. Mit der Formel: „Land, in dem der Schutz beansprucht wird" wird jedoch keine Kollisionsnorm aufgestellt, sondern ein schlichter Vorbehalt zugunsten der lex fori[75]. Die

---

[70] Vgl. Gutachten, Nr. 72.
[71] Gemäß dem Vorschlag oben Nr. 97.
[72] Für das übrige Urheberrecht scheint der mit der Registerführung verbundene Aufwand den Nutzen zu übersteigen. Die infolge des enttäuschten Vertrauens dem Zweiterwerber entstehenden Einbußen sollte er deshalb hinnehmen müssen, zumal sie in der Regel bedeutend geringer sein dürften als im Filmbereich. Das Recht des Registerortes (Deliktsstatut) verlangt insoweit also keine Beachtung.
[73] Vgl. Artt. 24 f. EGBGB.
[74] RabelsZ 40 (1976) 199.
[75] Deshalb entscheidet über den Rechtsübergang nicht etwa das Deliktsstatut; so aber *Ulmer*, RabelsZ 41 (1977) 500.

III. Einzelfragen des Urheberrechts

sich unmittelbar anschließende gleichlautende Formulierung in Art. 6 bis III RBÜ für die erforderlichen Rechtsbehelfe läßt daran keinen Zweifel[76]. Der Vorbehalt trägt der international unterschiedlichen Ausgestaltung des postmortalen Urheberpersönlichkeitsrechtes Rechnung: Anstelle des Erben können nämlich eine dem Urheber nahestehende Person, oder, vor allem in Ländern, die ein ewiges droit moral kennen[77], eine Institution mit der Wahrung des Urheberpersönlichkeitsrechts betraut sein.

Art. 6 bis II 1 RBÜ gestattet also Modifikationen durch das Recht des Forumstaates, hindert aber nicht, die Vererbung des Urheberrechts als Ganzes nach dem Personalstatut des Urhebers zu beurteilen. Indem man so eine Nachlaßspaltung verhindert, dient man dem Verkehrsinteresse, dem insbesondere eine Aufspaltung des Urheberrechts in einen vermögensrechtlichen und einen persönlichkeitsrechtlichen Teil widerspräche[78].

5. Staatliche Eingriffe, insbesondere Enteignung des Urheberrechts[79]

121. Wie jedes Recht bleibt auch das Urheberrecht von Enteignungen nicht verschont[80]. Insbesondere hängt die Enteignungsfähigkeit des Urheberrechts nicht davon ab, ob man es als „geistiges Eigentum" bezeichnet oder nicht[81]. Auch die RBÜ verbietet Enteignungen nicht ausdrücklich[82]. Schließlich ist es ohne Bedeutung, wenn das Urheberrecht nach seinem Statut unübertragbar sein sollte[83]. Hier muß das Urheber-

---

[76] s. o. Nr. 31.
[77] Vgl. z. B. Artt. 6 III, 19, 20 URG (frz.).
[78] Vgl. oben Nr. 43.
[79] Auf eine Trennung von Enteignung und entschädigungsloser Konfiskation (so z. B. *Seidl-Hohenveldern*, Enteignungsrecht, 5) soll hier verzichtet werden, da sich daraus keine kollisionsrechtlichen Unterschiede ergeben; vgl. *Soergel / Kegel*, vor Art. 7 EGBGB, 518.
[80] Zu den zahlreichen Enteignungen von Urheberrechten als Kriegs- und Kriegsfolgemaßnahmen vgl. *Ulmer*, SJZ 1948, 439 f.
[81] So mit Recht: *Hirsch Ballin*, Ufita 21 (1956) 201 f.; *Troller*, ebd., S. 227 Fn. 11; gegen *Roeber*, ebd., S. 191.
[82] Zweifelhaft deshalb, ob man die Unvereinbarkeit einer Enteignung mit der RBÜ e contrario aus der Aufzählung der als rechtmäßig anerkannten Beschränkungen des Urheberrechts in Artt. 9 II, 10, 10 bis RBÜ schließen kann; so *Windisch*, gewRS, 77. Selbst Art. 13 RBÜ (RomF), der eine Zwangslizenz in bestimmten Fällen für zulässig erklärt, hat in den vierziger Jahren Enteignungen der Verbandsländer untereinander nicht gehindert.
[83] Vgl. *Soergel / Kegel*, vor Art. 7 EGBGB, 531. Streitig; den Firmennamen hält wegen seines personenrechtlichen Einschlages für nicht enteignungsfähig: BGH 10. 05. 1955, Z 17, 209, 214. — Wenn Übertragbarkeit nach dem Deliktsstatut gefordert wird (so z. B. *Troller*, Zwangsverwertung, 139), so ändert dies wegen der auf das Schutzland beschränkten Wirkung der Enteignung im Ergebnis nichts (s. u. Nr. 122).

5. Staatliche Eingriffe, insbes. Enteignung des Urheberrechts

rechtsstatut der Macht des Enteignungsstaates weichen, vorbehaltlich allerdings des ordre public, der nicht selten eingreifen dürfte, wenn durch die Enteignung persönlichkeitsrechtliche Interessen des Urhebers verletzt werden, zu deren Schutz das Urheberrecht gerade unübertragbar ausgestaltet worden ist.

Enteignungen werden grundsätzlich international anerkannt, wenn der enteignende Staat sich in den Grenzen seiner Macht gehalten hat[84]. Für innerhalb seines Territoriums belegene Rechte hat jeder Staat grundsätzlich freie Hand. Kollisionsrechtlich entscheidet deshalb für Sachen die lex rei sitae. Für Forderungen wird an den Schuldnerwohnsitz[85] oder an die Lage des Schuldnervermögens[86] angeknüpft. Das Urheberrecht als Immaterialgut entzieht sich hingegen jeglicher territorialer Fixierung. Insbesondere darf das Bestehen eines Ursprungslandes, dieser fiktiven lex rei sitae des Urheberrechts, nicht darüber hinwegtäuschen, daß es eine tatsächliche Belegenheit und damit eine alleinige Zugriffsmöglichkeit des enteignenden Staates für das Urheberrecht nicht gibt. Auch auf die Belegenheit des Werkstückes kann es nicht ankommen[87].

122. *Troller*[88] will eine Enteignung von Immaterialgütern grundsätzlich dann anerkennen, wenn sie von dem Staat vorgenommen wurde, in dem der Berechtigte (Urheber) seinen Wohnsitz hat[89]. Für unveröffentlichte Werke will man auch auf den gewöhnlichen Aufenthalt abstellen[90]. Der Wohnsitz bzw. gewöhnliche Aufenthalt ist jedoch in doppelter Hinsicht unerheblich:

Zum einen kann der Urheber seine Rechte, auch solche an einem unveröffentlichten Werk, zum Zeitpunkt der Enteignung bereits ganz oder teilweise in das Ausland übertragen haben. Es wäre dann ein Phantom enteignet worden, dem wir sicherlich nicht zur rechtlichen Anerkennung verhelfen werden.

---

[84] Vgl. *Seidl-Hohenveldern*, Enteignungsrecht, 47 und 178 f.; *Kegel*, IPR, 508 ff.; *Staudinger / Stoll*, nach Art. 12 EGBGB, 210 ff.

[85] h. M., BGH 11. 07. 1957, Z 25, 134, 139; *Seidl-Hohenveldern*, Enteignungsrecht, 88 ff.; weitere Nachweise bei *Soergel / Kegel*, vor Art. 7 EGBGB, 537 ff.

[86] *Soergel / Kegel*, vor Art. 7 EGBGB, 541 f.

[87] s. o. Nr. 6; *Hirsch Ballin*, Ufita 21 (1956) 213.

[88] Zwangsverwertung, 114.

[89] Dabei dient es nicht der internationalen Ordnung, mit *Troller* dem Urheber zu gestatten, durch eine Wohnsitzverlegung ins Ausland eine Enteignung nachträglich wieder rückgängig machen zu können. Ist einmal enteignet worden, so muß es auch dabei bleiben; vgl. *Kegel*, IPR, 512; für eine Billigkeitslösung *Seidl-Hohenveldern*, Enteignungsrecht, 90 f.

[90] Für Werke, die sich noch in der „phase intime" des Urhebers befinden *Hirsch Ballin*, Ufita 21 (1956) 215.

Zum anderen unterscheidet sich die Enteignung eines Urheberrechts in einem wichtigen Punkt von einer Forderungsenteignung: Der Urheber schuldet nichts, er ist im Gegenteil Gläubiger und zwar überall da, wo sein Werk genutzt bzw. verletzt wird. Rechte können dem Urheber daher nur insoweit genommen werden, als dessen Schuldner ihren Wohnsitz bzw. Vermögen im Enteignungsstaat besitzen; der Wohnsitz des Gläubigers (= Urheberrechtsberechtigten) ist demgegenüber bedeutungslos[91].

Nur dann, wenn eine Forderung aus der Verwertung des Urheberrechts im Enteignungsstaat entstanden ist, kann eine Enteignung Wirkungen entfalten und von uns anerkannt werden[92], und auch dies nur unter der zusätzlichen Voraussetzung, daß der Schuldner Wohnsitz bzw. Vermögen in dem betreffenden Land besitzt[93]. Eine Enteignung von Urheberrechten wirkt deshalb über die Grenzen des enteignenden Verletzungsstaates nicht hinaus[94].

123. Auch wenn wir also eine Enteignung von Urheberrechten in diesem beschränkten Rahmen grundsätzlich anerkennen, so ist damit noch nichts über die Vereinbarkeit der Enteignung mit unserem ordre public gesagt (Art. 30 EGBGB). Dieser kann einer Enteignung möglicherweise dann die Anerkennung versagen, wenn sie z. B. ohne Entschädigung erfolgt oder diskriminierenden Charakter hat[95]. Daneben hängt das Eingreifen des ordre public im Bereich des Urheberrechts von den verschiedenen Enteignungsmodalitäten ab.

Das Urheberrecht kann einmal dadurch enteignet werden, daß die Schutzfrist verkürzt oder ganz aufgehoben wird[96]. Der Enteignungs-

---

[91] Aus diesem Grund kann auch *Hirsch Ballin* nicht zugestimmt werden, für die Anerkennung einer Enteignung den Wohnsitz des Verlegers, Übersetzers oder Lizenznehmers maßgeben zu lassen, weil das Urheberrecht so auf vertragliche Weise in die „Rechtssphäre" des Enteignungsstaates „eingetreten" sei (Ufita 21 [1956] 213).

[92] Das Urheberrecht mit der Möglichkeit, Nutzungsrechte zu vergeben, verbleibt also dem Urheber. Nutzungsrechte, die der Enteignungsbegünstigte vergibt, wirken daher nur im Verhältnis zu im Enteignungsstaat domizilierten Personen.

[93] Besitzt der Schuldner Vermögen im Enteignungsstaat, so kann es, wenn die Verwertung des Urheberrechts in einem anderen Land stattgefunden hat, zu einer doppelten Inanspruchnahme des Schuldners kommen. Das ist mit kollisionsrechtlichen Mitteln nicht zu ändern. Vgl. *Kegel*, IPR, 513.

[94] Vgl. *OLG München* 26. 03. 1959, IPRspr 1958/59 Nr. 59; *Ulmer*, UrhR, 70 f.; *Soergel / Kegel*, vor Art. 7 EGBGB, 551; *Seidl-Hohenveldern*, Enteignungsrecht, 101 Fn. 56; *Novello & Co., Ltd.* v. *Hinrichsen Edition Ltd.* (1951) 1 All E.R. 779; s. auch *Saporta*, De certaines expropriations du droit d'auteur dans les rapports internationaux, Clunet 78 (1951) 1120 ff. Mittelbar, über eine bestimmte Vertragsgestaltung hat allerdings *Paris* 08. 05. 1963, rev.crit. 1964, 265 mit Anm. *Desbois* (281) einer russischen Konfiskation extraterritoriale Wirkung zuerkannt.

[95] Vgl. *Staudinger / Stoll*, nach Art. 12 EGBGB, 219, 216 f.

5. Staatliche Eingriffe, insbes. Enteignung des Urheberrechts

staat überträgt das Urheberrecht nicht auf sich oder einen Dritten weiter, sondern läßt das Werk gemeinfrei werden[97]. Wenn behauptet wird, eine solche Schutzfristverkürzung sei keine Enteignung, sondern bloß eine „anderweitige Grenzziehung" gegenüber den Interessen der Allgemeinheit[98], so ist dies nur bedingt richtig. Gedacht hat man wohl an die Frage, ob das Urheberrecht auf z. B. 50, 70 oder 80 Jahre post mortem auctoris befristet sein soll. Je mehr man jedoch die Schutzfrist dem Todeszeitpunkt des Urhebers nähert, desto eher wird aus einer Inhaltsbestimmung des Urheberrechts dessen Enteignung. Die Grenze zwischen zulässiger Bestimmung der Dauer des Urheberrechts durch das Deliktsstatut[99] und ihrer übermäßigen, als Enteignung anzusehenden Verkürzung, der über das Gebiet des Verletzungsstaates hinaus keine Wirkung zukommt, ist dabei fließend.

124. So wird man eine gegen den ordre public verstoßende Enteignung auf jeden Fall dann annehmen müssen, wenn noch zu Lebzeiten des Autors das gesamte Urheberrecht mit den von ihm umfaßten persönlichkeitsrechtlichen Elementen enteignet werden soll. Eine solche Enteignung verletzt die Menschenwürde; gleiches muß für die Enteignung eines noch unveröffentlichten Werkes gelten, da dies einen Einbruch in die Privatsphäre des Urhebers darstellt[100].

Für die Enteignung des Urheberrechts durch Zwangsübertragung gelten dieselben Grundsätze.

Eine Enteignung kann auch dann vorliegen, wenn das Urheberrecht durch übermäßige Beschränkungen zugunsten der Allgemeinheit in seinem Kern ausgehöhlt wird[101]. Im internationalen Bereich wird man hierbei allerdings nur äußerst selten von dem ordre public Gebrauch machen dürfen. Solange man nämlich sowohl über den Inhalt als auch über die Schranken des Urheberrechts das Deliktsstatut entscheiden läßt — sei es mit der herrschenden Meinung, sei es, wie hier vorgeschlagen, bezüglich des Inhalts auf die über die Mindestrechte der RBÜ hinausgehenden Befugnisse beschränkt[102] — solange wird man in

---

[96] Zu den Auswirkungen einer solchen Enteignung, wenn sie im Ursprungsland vorgenommen wird, s. u. Nr. 128.
[97] Der damit verbundene Verzicht auf mögliche Einkünfte wird den Enteignungsstaat meist jedoch von einem derartigen Vorgehen abhalten. Die russischen Enteignungen von 1918 dienten deshalb im Gegenteil einem ewigen Urheberrecht des Staates; vgl. *Paris* 08. 05. 1963 (ebd., Fn. 94).
[98] *Hirsch Ballin*, Ufita 21 (1956) 201. Vgl. auch *Windisch*, gewRS, 77 Fn. 217.
[99] s. u. Nr. 127.
[100] Vgl. *Oekonomides*, Fschr. Ulmer, 31 f.; *Hubmann*, UrhR, 71. Wegen des droit moral grundsätzlich ablehnend gegenüber Zwangseingriffen in das Urheberrecht: *Ulmer*, SJZ 1948, 445 ff.; *ders.*, UrhR, 7.
[101] Vgl. dazu die Entscheidungen des BVerfG vom 07. 07. 1971, E 31, 229 ff.; *Oekonomides*, Fschr. Ulmer, 33 ff.
[102] s. o. Nr. 110.

demselben Maß auch entschädigungslose Beschränkungen des Urheberrechts mit enteignender Wirkung hinnehmen können.

125. Eine besondere und die heute gebräuchlichste Form der Enteignung stellt die Zwangslizenz dar. Zwangslizenzen bestehen zugunsten der Hersteller von Tonträgern[103] sowie zugunsten der Entwicklungsländer für die Übersetzung und Vervielfältigung bestimmter Werke[104]. Gleich, ob man die Zwangslizenz unverblümt als Enteignung bezeichnet[105] oder bloß als enteignungsähnlich — in ihrer Wirkung bleibt die Zwangslizenz auf das Gebiet des Enteignungsstaates beschränkt. Eine Ausfuhr derart hergestellter Vervielfältigungsstücke in andere Länder ist nicht zulässig[106], eine Beschlagnahme durch den Urheberrechtsberechtigten also gegebenenfalls möglich[107]. Im übrigen ist, solange die Enteignung wie bei der Zwangslizenz nur einzelne vermögensrechtliche Befugnisse betrifft, ein Verstoß gegen den ordre public regelmäßig ausgeschlossen, zumal, wenn dem Urheber eine Entschädigung gewährt wird.

126. Ein Zwangseingriff des Staates in das Urheberrecht ist schließlich auch die Zwangsvollstreckung. Ein Unterschied zur Enteignung besteht zwar insofern, als diese vornehmlich staatlichen, jene privaten Zwecken dient, doch ändert das nichts an der auf das Territorium des Vollstreckungsstaates beschränkten Wirkung eines solchen Zwangseingriffs[108]. Wie bei der Enteignung[109] kann auch die Zwangsvollstreckung international nur Wirkungen entfalten, wenn der Drittschuldner Wohnsitz bzw. Vermögen in dem betreffenden Staat besitzt, in dem auch die Forderung des Urhebers entstanden sein muß[110]. Auf den Wohnsitz des Urhebers sollte es hingegen international nicht ankommen[111].

Die Pfändbarkeit als Voraussetzung der Zwangsvollstreckung bestimmt sich nach dem Recht des vollstreckenden Staates[112]; die Vor-

---

[103] § 61 URG; Art. 13 RBÜ.

[104] Anhang Artt. II - IV RBÜ; Artt. V bis ff. WUA.

[105] So mit Recht: *Hubmann*, UrhR, 70; *Troller*, Zwangsverwertung, 144.

[106] Vgl. § 61 III URG; Art. 13 I RBÜ; Anhang Art. IV 4 RBÜ.

[107] Art. 13 III RBÜ. Unzutreffend daher: *Plaisant* (RIDA 35, 69), der den Vertrieb in Frankreich von in England unter einer Zwangslizenz hergestellten Schallplatten gegen den Willen des Urhebers für zulässig hält.

[108] Vgl. *Riezler*, IZPR, 661; *von Gamm*, § 113 URG, 2.

[109] s. o. Nr. 122.

[110] Dies folgt aus der Territorialität der staatlichen Zwangsgewalt, nicht aus der angeblichen Territorialität des Urheberrechts.

[111] s. o. Nr. 122. Vgl. insbes. § 828 II i. V. m. § 23 ZPO. Nur die Zulässigkeit der inländischen Zwangsvollstreckung, nicht die Anerkennung einer im Ausland erfolgten, haben vor Augen: *von Gamm*, § 113 URG, 3; *Stein / Jonas / Münzberg*, § 857 ZPO, II 3. Vgl. auch *Riezler*, IZPR, 661.

[112] *Riezler*, IZPR, 662.

frage nach der Übertragbarkeit des Urheberrechts bzw. eines Nutzungsrechts[113] nach demselben Recht, sei es als Vollstreckungsstatut[114] oder als Deliktsstatut[115].

6. Erlöschen des Urheberrechts

127. Das Urheberrecht erlischt in den meisten Fällen durch Ablauf der Schutzfrist. Es handelt sich dabei um eine zeitliche Schranke des Urheberrechts, die wie die inhaltlichen Schranken der lex loci delicti unterfällt[116].

Ein merklicher Nachteil für die Urheber entsteht durch die seit langem gebräuchliche Kombination des Deliktsstatuts mit dem Recht des Ursprungslandes: Es entscheidet regelmäßig die kürzere der beiden Fristen[117]. Soweit dahinter der Gedanke steht, die lex loci delicti könne ein Recht doch nicht länger schützen, als es selbst geschützt werden wolle[118], zeigt sich, daß man im Grunde doch das Urheberrechtsstatut als dem Urheberrecht wesensgemäß betrachtet, und nicht das Deliktsstatut, für dessen Anwendung auf das Urheberrecht als Ganzes man sich dieses Widerspruchs ungeachtet bisher häufig ausspricht. Mitentscheidend dürfte dabei auch ein Retorsionsgedanke sein: Der Verletzungsstaat will Werke des Ursprungslandes nicht länger schützen als dieses seinerseits den in dem Verletzungsstaat beheimateten Werken Schutz gewährt.

Mit einer solchen Retorsion bestraft man jedoch u. U. auch inländische Urheber: Hat z. B. ein deutscher Urheber sein Werk zum ersten Mal in der Schweiz veröffentlicht und kommt es 60 Jahre post mortem auctoris zu einer Urheberrechtsverletzung in Deutschland, so scheint nach §§ 120 I, 64 I URG der Urheberrechtsschutz noch zu bestehen, da die Schutzfrist in der Bundesrepublik Deutschland 70, und nicht wie in der Schweiz 50 Jahre post mortem autoris beträgt. Art. 5 I RBÜ stellt nun dieses Werk unter Verbandsschutz[119]; der Schutz des deutschen Urhebers beurteilt sich in diesem Fall also nach der RBÜ und zunächst

---

[113] Vgl. §§ 851, 857 III ZPO; ferner oben Nr. 121 zur Enteignung.
[114] *Nussbaum*, IPR, 420 Fn. 3.
[115] *Riezler*, IZPR, 664; *von Gamm*, § 113 URG, 5.
[116] s. o. Nr. 110 f.
[117] So schon Art. 2 II BÜ; vgl. Art. 7 VIII RBÜ; Art. IV 4 a WUA. — Gegen einen Schutzfristvergleich nach Art. IV 4 a WUA im Anwendungsbereich des deutsch-amerikanischen Urheberrechtsübereinkommens vom 15. 01. 1892 (RGBl S. 473): *BGH* 27. 01. 1978 („Buster-Keaton-Filme"), Z 70, 268.
[118] Vgl. z. B. *Cass.* 15. 12. 1975, Clunet 103 (1976) 421 und Anm. *Desbois*, 422 ff. (insbes. zu Art. IV 4 b WUA).
[119] Art. 5 III RBÜ ist nicht einschlägig.

nicht nach dem nationalen Urheberrechtsgesetz[120]. Nach Art. 7 VIII RBÜ kommt es dann zum Schutzfristvergleich, der die Frist für den deutschen Urheber auf 50 Jahre post mortem verkürzt[121].

Der Schutzfristvergleich als Ausdruck eines untauglichen Retorsionsgedankens sollte deshalb zumindest in dem Maße entbehrlich werden, wie der internationale Urheberrechtsschutz fortschreitet.

Um den Schutz des Urheberrechts an verbandsangehörigen Werken durch eine Anknüpfung der Schutzfrist an die lex loci delicti nicht zu gefährden, sollte man, wie schon für den Inhalt des Urheberrechts vorgeschlagen[122], auch hier die Mindestschutzdauer von regelmäßig 50 Jahren post mortem auctoris der RBÜ[123] entnehmen. Für uns besteht kein Anlaß, Interessen eines Verletzungsstaates, der eine kürzere Schutzfrist gewährt als in Art. 7 RBÜ international als angemessene Mindestfrist anerkannt, durch eine einschränkungslose Anwendung des Deliktsstatuts entgegenzukommen.

128. Wird der Ablauf der Schutzfrist im Ursprungsland durch eine Enteignung herbeigeführt[124], so fragt es sich, ob dies im Rahmen des Schutzfristvergleichs zu einem Erlöschen des Urheberrechts auch in anderen Ländern führt[125].

Das Problem wird gegenstandslos, sobald man für die Schutzfrist den Vergleich mit dem Recht des Ursprungslandes zugunsten der alleinigen Maßgeblichkeit des Deliktsstatuts aufgibt. Bis dahin sollte der ordre public eine flexible Lösung ermöglichen. Eine allgemeine und unterschiedslose Schutzfristverkürzung wird man grundsätzlich anerkennen können, zumal der Fristvergleich sich für die inländischen Verwerter günstig auswirkt. Anders wohl, wenn der Urheberrechtsberechtigte die inländische Staatsangehörigkeit besitzt oder Einzelmaßnahmen gegen bestimmte Urheber ergriffen werden. Praktische Bedeutung dürfte solchen Konstellationen jedoch kaum zukommen[126].

129. Auch ein Verzicht kann zum Erlöschen des Urheberrechts führen[127]. Über die Verzichtbarkeit entscheidet wie über die Übertrag-

---

[120] Vgl. *Actes* Berlin, 237. Unzutreffend: *Möhring / Nicolini*, § 120 URG, 1 b.
[121] Von Art. 7 VIII RBÜ abweichende Rechtsvorschriften, die ihrerseits dem Grundsatz der Inländerbehandlung genügen müßten, finden sich im URG nicht.
[122] s. o. Nr. 110.
[123] Art. 7 I RBÜ; für bestimmte Werkarten gelten kürzere Fristen, vgl. Art. 7 II - IV RBÜ.
[124] s. o. Nr. 123.
[125] Dafür *Niboyet*, traité IV, Nr. 1314, S. 731.
[126] s. o. Nr. 123 Fn. 97.
[127] Dazu insbes. *Seetzen*, Der Verzicht im Immaterialgüterrecht, Göttingen 1969.

barkeit des Rechts[128] das Urheberrechtsstatut. Es geht hierbei vor allem um die Frage, inwieweit das unverzichtbare Urheberpersönlichkeitsrecht einem Verzicht auf das Urheberrecht entgegensteht und nur die Aufgabe einzelner Nutzungsrechte zuläßt. Zum Schutz des Urhebers sollte das Recht des Ursprungslandes auch über die Form des Verzichtes entscheiden, gleichgültig, ob dieser auf einzelne Länder beschränkt wird oder nicht.

130. Ob nach Ablauf der Schutzfrist von den Verwertern eine Kulturabgabe erhoben wird[129], entscheidet das Recht des jeweiligen Staates. Es handelt sich hierbei um eine steuerähnliche Maßnahme mit dementsprechend territorialem Geltungsbereich.

Demselben Ziel, Mittel zugunsten inländischer bedürftiger Urheber und deren Angehörigen aufzubringen, kann auch eine Verlängerung der Schutzfrist dienen[130]. Anders als bei der Kulturabgabe bleibt das Urheberrecht dabei bestehen[131], um für eine gewisse Zeit durch eine staatliche Institution ausgeübt zu werden. Dem Zweck der Schutzfristverlängerung entspricht ebenfalls die Geltung der lex loci delicti, wie bereits für die Schutzdauer allgemein festgestellt[132].

7. Verletzung des Urheberrechts

131. Bestimmt man die Vorfrage nach dem Bestehen des Urheberrechts, wie hier vorgeschlagen, nach einem eigenen Statut und nicht, wie bisher häufig unzutreffend aus dem Territorialitätsprinzip oder den internationalen Konventionen geschlossen[133], nach dem Deliktsstatut, so ergeben sich für das Urheberrecht grundsätzlich keine kollisionsrechtlichen Besonderheiten mehr im Vergleich zu anderen, gegen eine unerlaubte Handlung geschützten Rechtsgütern[134]. Insbesondere

---

[128] s. o. Nr. 114.

[129] Urhebernachfolgevergütung, domaine public payant; z. B. Art. 175 URG (it.). Vgl. insbes. *Schulze*, Kulturabgabe und Kulturfonds, Berlin, Frankfurt/M. 1959 (rechtsvergleichend).

[130] So früher in *Frankreich* um 15 Jahre für Werke der Literatur: loi Nr. 56 - 202 vom 25. 02. 1956, J.O. 26. 02. 1956, S. 2043 f. i. V. m. Art. 16 des décret Nr. 56 - 1215 vom 29. 11. 1956, J.O. 30. 11. 1956, S. 11473 f. Dazu vgl. *Plaisant*, J.Cl.civ.ann. fasc. 10 Nr. 42 ff. Die Schutzfristverlängerung wurde aufgehoben durch Art. 22 III der loi Nr. 75 - 1278 vom 30. 12. 1975, J.O. 31. 12. 1975, S. 13564 ff.

[131] Es bestehen Einwilligungsrechte, keine bloßen Vergütungsansprüche; vgl. Art. 16 III des décret Nr. 56 - 1215.

[132] s. o. Nr. 127.

[133] s. o. Nr. 41 m. w. N.

[134] Zur Reichweite des Deliktsstatuts s. z. B. Art. 11 des Vorentwurfs Schuldrecht.

ist eine Qualifikation des Eingriffsortes[135] nach der lex causae nicht mehr erforderlich[136], wenn das Urheberrecht unabhängig von dem Recht des Eingriffsortes besteht.

132. Zu einem Auseinanderfallen von Eingriffs- und Erfolgsort und der daraus folgenden Wahlmöglichkeit des Verletzten[137] kann es auch dann nicht kommen, wenn wie hier für kollisionsrechtliche Zwecke das Urheberrecht als im Ursprungsland belegen betrachtet wird. Tatsächlich belegen ist das Urheberrecht als geistiges Gut im Ursprungsland nicht mehr und nicht weniger als in jedem anderen Land. Der Verletzungserfolg tritt deshalb nicht im Ursprungsland des Werkes ein.

Für den Erfolgsort kommt es ebensowenig auf die Person des aus dem Urheberrecht Berechtigten und deren Wohnsitz an[138]. Denn unmittelbar verletzt wird das Urheberrecht selbst, nicht der Berechtigte. Bei diesem liegt lediglich der Ort des Schadenseintritts, der jedoch für die Bestimmung des Deliktsstatuts keine Rolle mehr spielt[139]. Allein der Eingriffsort bestimmt deshalb das Deliktsstatut; einen davon verschiedenen Erfolgsort gibt es nicht.

133. Eine Ausnahme von der Geltung des Ortsrechts wird im internationalen Deliktsrecht allgemein für den Fall gemacht, daß Schädiger und Geschädigter dasselbe Personalstatut besitzen. Man kann sich dabei auf § 1 der Verordnung über die Rechtsanwendung bei Schädigungen deutscher Staatsangehöriger außerhalb des Reichsgebiets vom 7. 12. 1942[140] oder auch auf den dahinterstehenden Rechtsgedanken stützen[141].

Für das Urheberrecht sieht *Weber*[142] sich zu einer restriktiven Interpretation der Verordnung von 1942 gezwungen:

Auf der Grundlage des Territorialitätsprinzips, demzufolge wir ein deutsches Urheberrecht bei dessen Verletzung im Ausland nicht schützen, würde der deutsche Schädiger eines deutschen Inhabers eines ausländischen Urheberrechts ungerechtfertigt bevorzugt, wenn mit dem deutschen Recht als Deliktsstatut gleichzeitig das ausländische Urheberrecht sich zu einem inländischen verwandeln würde. Deshalb sollen

---
[135] Allgemein zum Eingriffsort: *Schikora*, Diss., 237 ff. Der Begehungsort ist vor allem für Rundfunksendungen streitig.
[136] Dazu *Martiny*, RabelsZ 40 (1976) 224; *Ulmer*, Gutachten, Nr. 25.
[137] s. o. Nr. 52.
[138] Vgl. auch oben Nr. 52 Fn. 38.
[139] Vgl. nur BGH 14. 05. 1969, Z 52, 108, 111; *Soergel / Kegel*, Art. 12 EGBGB, 16.
[140] RGBl 1942 I 706.
[141] Vgl. *Kegel*, IPR, 315 f.
[142] Diss., 78 ff.

7. Verletzung des Urheberrechts

nach Weber nur die Haftungsfolgen dem deutschen Recht entnommen werden, der Haftungstatbestand hingegen weiterhin dem Recht des Eingriffsortes[143].

Abgesehen davon, daß die Notwendigkeit einer solchen restriktiven Auslegung mit dem Übergang von dem Territorialitätsprinzip zum Universalitätsprinzip entfällt, erscheint die Anwendbarkeit der Verordnung von 1942 auf eine Urheberrechtsverletzung schon im Grundsatz fraglich. Zwar ist in § 1 I der Verordnung die Rede davon, daß der Geschädigte[144] Deutscher sein muß, doch paßt die Verordnung ihrem Sinn nach nur, wenn Täter und Geschädigter sich gemeinsam im Ausland aufhalten, wie z. B. bei Körperverletzungsfällen[145]. Wo sich der Geschädigte im Falle einer Urheberrechtsverletzung aufhält, ist jedoch zufällig und kollisionsrechtlich ohne jede Bedeutung.

Auf Urheberrechtsverletzungen ist die Verordnung vom 7.12.1942 daher nicht anwendbar[146]. Für das Deliktsstatut entscheidend bleibt allein der Eingriffsort.

---

[143] Vgl. auch *Soergel / Kegel*, Art. 12 EGBGB, 59.
[144] Nicht: der Verletzte. Verletzt ist nur das Urheberrecht; s. o. Nr. 132.
[145] Vgl. *Soergel / Kegel*, Art. 12 EGBGB, 26; *Ferid*, IPR, 6 - 124; *Raape*, IPR, 572 ff.
[146] Gegen deren Anwendbarkeit hat sich für das Gebrauchsmuster auch das *LG Düsseldorf* ausgesprochen: 27.10.1966, GRUR Int. 1968, 101, 102. Die Begründung, über die Rechtswidrigkeit müsse das Recht des Verletzungsstaates entscheiden, vermag indes nicht zu überzeugen.

Schlußbetrachtung

134. Die Schwierigkeit und Lückenhaftigkeit des internationalen Urheberrechtsschutzes erklärt sich historisch aus der nur allmählichen Entwicklung des Urheberrechts. Im Gegensatz zum Sacheigentum fehlt dem Urheberrecht ein überall konsensfähiger, vorgegebener Inhalt. So war es ein natürliches Bestreben eines jeden Staates, neugeschaffene urheberrechtliche Befugnisse zunächst einmal nur den eigenen Angehörigen vorzubehalten[1]. Daher die Vielzahl der fremdenrechtlichen Regelungen im Bereich des Urheberrechts, sowie der Gedanke der Verleihung des Urheberrechts und dessen territorialer Begrenzung.

Während der letzten Jahrzehnte wurden durch Verbesserung und Erweiterung der internationalen Konventionen bedeutende Fortschritte im Abbau nationaler fremdenrechtlicher Bestimmungen erzielt. Durch diesen wachsenden internationalen Konsens über den Inhalt des Urheberrechts wird das Territorialitätsprinzip, das auf der angeblich individuellen Verleihung des Urheberrechts beruht, überflüssig. Die Befürchtung, mit der Geltung des Universalitätsprinzips verlören die Konventionen ihre Daseinsberechtigung[2], ist unbegründet:

Auch wenn ein nach ausländischem Recht erworbenes Urheberrecht weltweit anerkannt wird, bleiben noch fremdenrechtliche Schranken, die es zu beseitigen gilt, nicht zuletzt durch eine weitere internationale Angleichung des Urheberrechtsschutzes.

135. Die kollisionsrechtliche Frage nach dem auf das Urheberrecht anwendbaren Recht läßt sich allerdings weder durch das Fremdenrecht oder die internationalen Konventionen, noch durch das Territorialitäts- oder Universalitätsprinzip beantworten. Richtig ist nur, daß das Universalitätsprinzip die Notwendigkeit deutlicher hervortreten läßt, das Urheberrecht an eine einzige Rechtsordnung anzuknüpfen und es nicht gleichsam herrenlos dem Zugriff der Verwerter zu überlassen.

Das Urheberrecht insgesamt dem Deliktsstatut zu unterstellen, ist wegen des häufigen Zusammenfallens mit der lex fori eine bequeme Lösung. Sie dient jedoch einseitig den Interessen der Verwerter und schafft Rechtsunsicherheit und Verwertungsschwierigkeiten auf der Seite der Urheber.

---

[1] Vgl. *Batiffol*, IHEI, 44.
[2] Vgl. *Riezler*, Festgabe Rosenberg, 214.

Mit dem Recht des Ursprungslandes erhält das Urheberrecht, wie für andere Rechte selbstverständlich, ein eigenes Statut, dem es unterliegt, gleich, ob und wo das Urheberrecht verletzt wird, gleich, in welchem Land es zum Prozeß kommt.

Doch muß sich das Urheberrechtsstatut auch Einschränkungen zugunsten des Deliktsstatuts gefallen lassen, um internationalprivatrechtlich möglichst gerecht zu sein. Berechtigte Verwerterinteressen bestehen in dem Bereich von Inhalt, Einschränkungen und Dauer des Urheberrechts. Deren Berücksichtigung verlangt eine Kombination der lex loci delicti mit dem Recht des Ursprungslandes. Eine solche Kombination ist ohne größere Schwierigkeiten möglich, da dem Deliktsstatut nur einzelne, abgegrenzte Teilbereiche des Urheberrechts unterfallen.

Um den Urheber nicht einem Deliktsstatut auszuliefern, das das Urheberrecht nur unzureichend schützt, bietet es sich an, sofern das Werk den Verbandsschutz der RBÜ genießt, die Mindestrechte der RBÜ unabhängig von der lex loci delicti zu gewähren[3].

136. Diese Arbeit stellt einen Versuch dar, das Urheberrecht einheitlich anzuknüpfen. Es sollte gezeigt werden, daß dies ein gangbarer Weg ist[4], der im Vergleich zu einer wechselnden Anknüpfung zahlreiche Vorzüge aufweist.

Doch selbst wenn man entgegen der hier vertretenen Auffassung an der kollisionsrechtlichen Bedeutung des Territorialitätsprinzips bzw. der internationalen Konventionen festhalten will und so de lege lata zur Geltung der lex loci delicti kommt, sollte man de lege ferenda[5] zweierlei beachten:

(1) Das Territorialitätsprinzip ist eine Übergangslösung (gewesen), kein Selbstzweck[6].

(2) Eine internationale Regelung von einem Ausmaß der RBÜ oder des WUA wird aus Gründen, die auf den stark divergierenden Interessen der zahlreichen beteiligten Staaten beruhen, in den seltensten Fällen die Ideallösung darstellen. Eine so wenig angemessene und einseitige Regelung wie die der lex loci delicti für das Urheberrecht sollte man deshalb nicht unbesehen in ein neues Gesetz übernehmen[7], zumal wenn sich im Rahmen einer Vereinheitlichung des internationalen Privatrechts innerhalb der Euro-

---

[3] s. o. Nr. 110, 127.
[4] Entgegen der Ansicht von *Ulmer*, RabelsZ 41 (1977) 510.
[5] Etwa in einem Übereinkommen über das internationale Privatrecht im Rahmen der Europäischen Gemeinschaft.
[6] s. o. Nr. 19.
[7] So auch *Troller*, Studi, 1128.

päischen Gemeinschaft die Möglichkeit zu einer richtungweisenden Fortentwicklung zugunsten eines eigenen Urheberrechtsstatuts eröffnet. Gleichlaufende Interessen als kulturexportierende Länder sollten innerhalb Europas eine Einigung auf das Recht des Ursprungslandes als Urheberrechtsstatut ermöglichen[8]. Die eingangs erwähnten Gesetze und Gesetzesentwürfe deuten darauf hin[9].

137. Zur Anknüpfung des Urheberrechts im internationalen Privatrecht sei abschließend folgende Norm vorgeschlagen:

Artikel I:

(1) Über das Urheberrecht an Werken der Literatur und Kunst entscheidet vorbehaltlich des Artikels II das Recht des Ursprungslandes.

(2) Ursprungsland ist für

(a) unveröffentlichte Werke das Land, dessen Staatsangehörigkeit der Urheber besitzt;

(b) veröffentlichte Werke das Land, in dem das Werk zum ersten Mal veröffentlicht wurde;

(c) Filmwerke das Land, in dem sich der Sitz des Filmherstellers befindet.

Artikel II:

(1) Das Recht des Landes, in dem das Urheberrecht Wirkungen entfalten soll, bestimmt über Inhalt, Einschränkungen und Dauer des Urheberrechts.

(2) Unabhängig von dem Recht dieses Landes gelten für das Urheberrecht an Werken, die den Verbandsschutz der Revidierten Berner Übereinkunft genießen, in jedem Fall die Mindestrechte der Revidierten Berner Übereinkunft[10].

---

[8] Die RBÜ stünde dem nicht entgegen, da die Europäischen Gemeinschaften gegebenenfalls ihrerseits Mitglied der RBÜ werden könnten.

[9] s. o. Nr. 3 Fn. 9 f.

[10] In der zwischen dem Ursprungsland und dem Land des Prozeßortes maßgebenden Fassung.

Literaturverzeichnis

Actes de la Conférence internationale pour la protection des oeuvres littéraires et artistiques, 1.1884; 2.1885; 3.1886 Bern (Actes).

Actes de la Conférence réunie à Berlin 1908, Bern 1910 (Actes Berlin).

Actes de la Conférence intergouvernementale du droit d'auteur de 1952, UNESCO 1954 (Actes 1952).

Allfeld: Das Urheberrecht an Werken der Literatur und der Tonkunst, 2. Aufl., München 1928 (Kommentar).

Auteri: Schutz der Filmurheber oder Schutz des Filmherstellers? Kritische Bemerkungen zum italienischen Filmurheberrecht, in: Gewerblicher Rechtsschutz, Urheberrecht, Wirtschaftsrecht, Fschr. Ulmer, Köln u. a. 1973, S. 51 ff. (Fschr. Ulmer).

Bappert / Wagner: Internationales Urheberrecht, Kommentar, München, Berlin 1956 (Kommentar).

von Bar: Theorie und Praxis des internationalen Privatrechts, Band II, 2. Aufl., Hannover 1889; Neudruck Aalen 1966 (IPR).

Bartin: La localisation territoriale des monopoles intellectuels, Clunet 61 (1934) 781 ff. = Auszug aus Band III der principes de droit international privé.

Batiffol: Diskussionsbeitrag im Anschluß an Desbois a.a.O., trav.com.fr.dr. int.pr. 1960 - 1962 (travaux).

— La propriété privée, Cours de l'Institut des Hautes Etudes Internationales 1967 - 1968, fasc. 1 (IHEI).

— Le pluralisme des méthodes en droit international privé, RC 139 (1973-II) 75 ff.

Batiffol / Lagarde: Droit international privé, 6. Aufl., Band I 1974, Band II 1976, Paris (DIP).

Baum (Alfred): Berner Konvention, Landesgesetze und internationales Privatrecht, GRUR 1932, 921 ff., 1012 ff.

— Völkerrecht, Berner Konvention und Landesgesetze, GRUR 1950, 437 ff.

— Probleme der RBÜ, GRUR Int. 1963, 351 ff.

Beier: Territorialität des Markenrechts und internationaler Wirtschaftsverkehr, GRUR Int. 1968, 8 ff.

Bogsch: Universal Copyright Convention: An analysis and commentary, New York 1958 (WUA).

Boguslawski: Urheberrecht in den internationalen Beziehungen, Berlin/Ost 1977 (UrhR).

Boucher: De la nature des règles relatives à la protection en France des auteurs étrangers, Clunet 59 (1932) 26 ff.

Bungeroth: Der Schutz der ausübenden Künstler gegen die Verbreitung im Ausland hergestellter Vervielfältigungsstücke ihrer Darbietungen, GRUR 1976, 454 ff.

Colombet: Propriété littéraire et artistique, Paris 1976 (prop.litt.).

Desbois (Henri): Des conflits de lois en matière de transfert de propriété, Clunet 58 (1931) 281 ff.

— La protection des oeuvres littéraires et artistiques étrangères en France. Questions d'actualité, trav.com.fr.dr.int.pr. 1960 - 1962, S. 177 ff. (travaux).

— Les droits d'auteur et le droit international privé français, in: Eranion, Fschr. Maridakis, Athen 1964, III S. 29 ff. (Fschr. Maridakis).

— Le droit d'auteur en France, 2. Aufl., Paris 1966, Nachtrag 1973 (le DdA).

— Les oeuvres cinématographiques dans le cadre de la Convention de Berne révisée à Stockholm en 1967, Clunet 95 (1968) 646 ff.

Desbois / Françon / Kerever: Les conventions internationales du droit d'auteur et des droits voisins, Paris 1976.

Dicey / Morris: On the Conflict of Laws, 9. Aufl., London 1973 (Conflict).

Dietz: Das Urheberrecht in der Europäischen Gemeinschaft, Baden-Baden 1978.

Dock: J.Cl.civ.ann. verbo „propriété littéraire et artistique", fasc. 24 (5, 1974).

Dölle: Internationales Privatrecht, 2. Aufl., Karlsruhe 1972 (IPR).

Drobnig: Originärer Erwerb und Übertragung von Immaterialgüterrechten im Kollisionsrecht, RabelsZ 40 (1976) 195 ff.

Droz: Réponse aux observations du syndicat des sociétés littéraires et artistiques, Clunet 12 (1885) 163 ff.

Erlanger: Du conflit des lois en matière de droit d'auteur, nouv.rev. 4 (1937) 302 ff.

Ferid: Zur kollisionsrechtlichen Behandlung von Inländern mit zugleich ausländischer Staatsangehörigkeit, RabelsZ 23 (1958) 498 ff.

— Internationales Privatrecht, Berlin 1975 (IPR).

Ferrara-Santamaria: Le régime juridique des oeuvres cinématographiques après la révision de Stockholm, RIDA 56 (avril 1968) 83 ff.

Firsching: Einführung in das internationale Privatrecht, München 1974 (IPR).

Francescakis: Quelques précisions sur les „lois d'application immédiate" et leurs rapports avec les règles de conflits de lois, rev.crit. 1966, 1 ff.

Françon: A propos d'une éventuelle modification de l'article 4, aliéna (3) de la Convention de Berne sur le pays d'origine de l'oeuvre publiée, DdA 76 (1963) 32 ff.

— Les droits sur les films en droit international privé, RIDA 74 (octobre 1972) 3 ff.

— J.Cl.dr.int. verbo „propriété littéraire et artistique", fasc. 563-B, premier cahier (9, 1966).

Fromm / Nordemann: Urheberrecht, Kommentar, 3. Aufl., Stuttgart u. a. 1973.

von Gamm: Urheberrechtsgesetz, Kommentar, München 1968.

Gerstenberg: Die Urheberrechte an Werken der Kunst, der Architektur und der Photographie, München 1968.

Goldbaum (Wenzel): Urheberrecht und Urhebervertragsrecht, 2. Aufl., Berlin 1927 (UrhR).

Goldman: Diskussionsbeitrag im Anschluß an Desbois a.a.O., trav.com.fr.dr. int.pr. 1960 - 1962 (travaux).

Hirsch Ballin: Enteignung von Urheberrecht, Ufita 21 (1956) 196 ff.

Hoffmann (Willy): Die Berner Übereinkunft zum Schutze von Werken der Literatur und Kunst, Berlin 1935 (BÜ).
— Das Urheberrecht im Internationalen Privatrecht, Ufita 11 (1938) 185 ff.
— Remarques sur l'Article 2 de la Convention de Berne révisée, DdA 53 (1940) 76 f.

Holleaux: Diskussionsbeitrag im Anschluß an Desbois a.a.O., trav.com.fr. dr.int.pr. 1960 - 1962 (travaux).

Hubmann: Urheber- und Verlagsrecht, 4. Aufl., München 1978 (UrhR).

Huet: J.Cl.dr.int. verbo „conflits de juridictions", fasc. 581-B (2, 1975).

Ilosvay: La comparaison des délais dans la Convention universelle sur le droit d'auteur, DdA 71 (1958) 12 ff.

Katzenberger: Wechsel der Anknüpfungspunkte im deutschen und internationalen Urheberrecht, GRUR Int. 1973, 274 ff.

Kegel: Internationales Privatrecht, 4. Aufl., München 1977 (IPR).

Keller: Verhältnis zwischen materiellem Privatrecht und internationalem Privatrecht, schwJZ 68 (1972) 65 ff., 85 ff.

Koch / Froschmaier: Patentgesetze und Territorialitätsprinzip im Gemeinsamen Markt, GRUR Int. 1965, 121 ff.

Kohler: Die Idee des geistigen Eigentums, AcP 82 (1894) 141 ff.
— Urheberrecht an Schriftwerken und Verlagsrecht, Stuttgart 1907 (UrhR).

Koppensteiner: Urheber- und Erfinderrechte beim Parallelimport geschützter Waren, AWD 1971, 357 ff.

Kraßer: Verpflichtung und Verfügung im Immaterialgüterrecht, GRUR Int. 1973, 230 ff.

Kunz: Quelques problèmes posés par les conflits des lois dans le domaine des contrats relatifs aux droits d'auteur, in: Travaux de droit comparé Nr. 2, Prag 1970 (travaux).

Ladas: The International Protection of Literary and Artistic Property, 2 Bände, New York 1938 (Protection).

Lerebours-Pigeonnière / Loussouarn: Droit international privé, 9. Aufl., Paris 1970 (DIP).

Mackensen: Der Verlagsvertrag im internationalen Privatrecht, München, Berlin 1965 (Verlagsvertrag).

Mann (F. A.): Kollisionsnorm und Sachnorm mit abgrenzendem Tatbestandsmerkmal, in: Beiträge zum internationalen Privatrecht, Berlin 1976, S. 11 ff. (Beiträge) = Fschr. für Ludwig Raiser, Tübingen 1974, S. 499 ff.

Martiny: Verletzung von Immaterialgüterrechten im internationalen Privatrecht, RabelsZ 40 (1976) 218 ff.

Matthies: Die deutsche internationale Zuständigkeit, Frankfurt/M 1955 (int.Zust.).

Mestmäcker / Schulze: Kommentar zum deutschen Urheberrecht unter Berücksichtigung des internationalen Rechts, 4. Lieferung, Frankfurt/M., Berlin 1974 (UrhKomm.).

Mezger: Diskussionsbeitrag im Anschluß an Desbois a.a.O., trav.com.fr.dr. int.pr. 1960 - 1962 (travaux).

Mitteis: Grundriß des österreichischen Urheberrechtes, Wien 1936 (UrhR).

Möhring / Nicolini: Urheberrechtsgesetz, Berlin, Frankfurt/M. 1970.

Neuhaus: Internationales Zivilprozeßrecht und internationales Privatrecht, RabelsZ 20 (1955) 201 ff.

— Die Grundbegriffe des internationalen Privatrechts, 2. Aufl., Tübingen 1976 (IPR).

— Freiheit und Gleichheit im internationalen Immaterialgüterrecht, RabelsZ 40 (1976) 191 ff.

Neumeyer: Internationales Privatrecht, 2. Aufl., München u. a. 1930 (IPR).

Niboyet: Traité de droit international privé français, Band IV, Paris 1947 (traité).

Nimmer: Who is the copyright owner when Laws conflict? GRUR Int. 1973, 302 ff.

Nirk: Zum Anwendungsbereich des Territorialitätsprinzips und der lex rei (sitae) im internationalen Patent- und Lizenzrecht, in: Ehrengabe für Bruno Heusinger, München 1968, S. 217 ff. (Fschr. Heusinger).

Nonnenmacher: Le cinéma et la télévision face au droit international privé, RC 134 (1971-III) 7 ff.

Nordemann: Das Verhältnis der Regelung des Artikels 14 ter RBÜ über das Folgerecht zum deutschen Recht, Ufita 80 (1977) 21 ff.; sowie in DdA 90 (1977) 324 ff.

Nordemann / Vinck / Hertin: Internationales Urheberrecht und Leistungsschutzrecht der deutschsprachigen Länder unter Berücksichtigung auch der Staaten der Europäischen Gemeinschaft, Kommentar, Düsseldorf 1977.

De Nova: Conflits des lois et normes fixant leur propre domaine d'application, in: Mélanges Jacques Maury, Paris 1960, Band I, S. 377 ff. (Fschr. Maury) = Diritto Internazionale 13 (1959-I) 13 ff.

Nussbaum: Deutsches internationales Privatrecht, Tübingen 1932 (IPR).

Oekonomides: Enteignung von Urheberrechten? in: Gewerblicher Rechtsschutz, Urheberrecht, Wirtschaftsrecht, Fschr. Ulmer, Köln u. a. 1973, S. 25 ff. (Fschr. Ulmer).

Ostertag: La condition civile des étrangers et les conflits de lois en matière de propriété littéraire et artistique, DdA 50 (1937) 85 ff., 98 ff.

— Du régime international de la propriété industrielle, prop.ind. 58 (1942) 110 ff.

Pillet: Traité pratique du droit international privé, Band II, Grenoble, Paris 1924 (DIP).

Plaisant (Robert): L'exploitation du droit d'auteur et les conflits de lois, RIDA 35 (avril 1962) 63 ff.

— Le droit des auteurs et des artistes exécutants, Paris 1970 (le DdA).

Plaisant (Robert): Le traité C.E.E., art. 85 et 86 et les droits de propriété littéraire et artistique, in: Fschr. für Georg Roeber, Berlin 1973, S. 471 ff. (Fschr. Roeber).

— J.Cl.civ.ann. verbo „propriété littéraire et artistique" fasc. 2 (11, 1968); 10 (5, 1976); 21 (2, 1970); 23 (11, 1973).

— J.Cl.dr.int. verbo „propriété littéraire et artistique", fasc. 563-A (2, 1960).

Raape: Internationales Privatrecht, 5. Aufl., Berlin, Frankfurt/M. 1961 (IPR).

Raape / Sturm: Internationales Privatrecht, 6. Aufl., Band I, München 1977 (IPR).

Rabel: The Conflict of Laws, 1. Aufl., Band IV, Ann Arbor 1958 (Conflict).

Recht: Le droit d'auteur en Belgique, Brüssel 1955 (le DdA).

Réczei: Internationales Privatrecht, Budapest 1960 (IPR).

Riezler: Die räumliche Begrenzung des Privatrechts, in: Sitzungsberichte der Bayerischen Akademie der Wissenschaften, Jahrgang 1948 Heft 2, München 1949 (räumliche Begrenzung).

— Internationales Zivilprozeßrecht, Berlin, Tübingen 1949 (IZPR).

— Zur sachlichen internationalen Zuständigkeit, in: Festgabe für Leo Rosenberg, München, Berlin 1949, S. 199 ff. (Festgabe Rosenberg).

Rintelen: Urheberrecht und Urhebervertragsrecht nach österreichischem, deutschem und schweizerischem Recht, Wien 1958 (UrhR).

Roeber: Urheberrecht oder Geistiges Eigentum, Ufita 21 (1956) 150 ff.

Samson: Urheberrecht, ein kommentierendes Lehrbuch, Pullach 1973 (UrhR).

Sarraute: La loi du 11 mars 1957 et le droit d'auteur des étrangers en France, Gaz.Pal. 1961.I.28 ff., doctrine.

Schikora: Der Begehungsort im gewerblichen Rechtsschutz und Urheberrecht, Diss., München 1968 (Diss.).

Schmieder: Die Immaterialgüterrechte im internationalen Privatrecht (Wissenschaftliches Symposium in München), Film und Recht 1975, 398 ff.

Schnitzer: Handbuch des internationalen Privatrechts, 4. Aufl., 2 Bände, Basel 1957/58 (IPR).

Schnorr von Carolsfeld: Zum internationalen Urheberrecht außerhalb der Konventionen, Ufita 37 (1962) 281 ff.

Schramm: Grundlagenforschung auf dem Gebiet des gewerblichen Rechtsschutzes und Urheberrechtes, Berlin, Köln 1954 (Grundlagen).

Schumacher: Das Territorialitätsprinzip im Warenzeichenrecht und der Gemeinsame Markt, GRUR Int. 1966, 305 ff.

von Schwind: Entwurf eines Bundesgesetzes über das internationale Privat- und Prozeßrecht, ZfRV 12 (1971) 161 ff.

Seidl-Hohenveldern: Internationales Konfiskations- und Enteignungsrecht, Berlin, Tübingen 1952 (Enteignungsrecht).

Soergel / Siebert: BGB, 10. Aufl., Band VII (EGBGB), Stuttgart u. a. 1970 (Soergel / Kegel).

Staudinger-Bearbeiter: Kommentar zum Bürgerlichen Gesetzbuch, 10./11. Aufl., Berlin.

Stein / Jonas / Pohle: Kommentar zur Zivilprozeßordnung, 19. Aufl., Tübingen 1972 - 1975 (Stein / Jonas-Bearbeiter).

Steindorff: Sachnormen im internationalen Privatrecht, Frankfurt/M. 1958 (Sachnormen).

Strömholm: Torts in the Conflict of Laws, Stockholm 1961 (Torts).

Troller: Das internationale Privat- und Zivilprozeßrecht im gewerblichen Rechtsschutz und Urheberrecht, Basel 1952 (IPR).
— Das Welturheberrechtsabkommen, RabelsZ 19 (1954) 1 ff.
— Internationale Zwangsverwertung und Expropriation von Immaterialgütern, Basel 1955 (Zwangsverwertung).
— Angebot und Nachfrage als urheberrechtliches Problem, Ufita 21 (1956) 216 ff.
— Die mehrseitigen völkerrechtlichen Verträge im internationalen gewerblichen Rechtsschutz und Urheberrecht, Basel 1965 (Verträge).
— Immaterialgüterrecht, 2. Aufl., Band I, Basel, Stuttgart 1968 (ImGR).
— Vorentwurf der Expertenkommission für ein schweizerisches Bundesgesetz betreffend das Urheberrecht, München 1972 (Vorentwurf).
— Neu belebte Diskussion über das Internationale Privatrecht im Bereich des Immaterialgüterrechts, in: Problemi attuali di diritto industriale, Studi celebrativi del XXV anno della Rivista di Diritto Industriale, 1977, S. 1125 ff. (Studi).

Ulmer (Eugen): Die Zwangsverwertung deutscher Geisteswerke im Ausland und die Grundregeln des Urheberschutzes, SJZ 1948, 439 ff.
— Urheber- und Verlagsrecht, 2. Aufl., Berlin u. a. 1960 (UrhR).
— Das Romabkommen über den Schutz der ausübenden Künstler, der Hersteller von Tonträgern und der Sendeunternehmungen, GRUR Int. 1961, 569 ff.
— Das Folgerecht und seine Qualifikation im internationalen Urheberrecht, RabelsZ 37 (1973) 499 ff.; vgl. auch GRUR 1974, 593 ff.
— Die Immaterialgüterrechte im internationalen Privatrecht, Köln u. a. 1975 (Gutachten).
— Gedanken zur schweizerischen Urheberrechtsform, in: Homo creator, Fschr. für Alois Troller, Basel Stuttgart 1976, S. 189 ff. (Fschr. Troller).
— Gewerbliche Schutzrechte und Urheberrechte im Internationalen Privatrecht, RabelsZ 41 (1977) 479 ff.

Vitta: Diritto internazionale privato, Band III, Turin 1975 (DIP).

Walker: Internationales Privatrecht, 5. Aufl., Wien 1934 (IPR).

Walter: Das Folgerecht im Recht der Berner Übereinkunft, ZfRV 14 (1973) 110 ff.
— Die Vertragsfreiheit im Urheberrecht aus der Sicht des Internationalen Privatrechts, in: Vertragsfreiheit im Urheberrecht, herausgegeben von D. Reimer, Weinheim, New York 1977, S. 137 ff. (Vertragsfreiheit); vgl. auch RIDA 87 (janvier 1976) 45 ff.

Weber (Tilman): Die Behandlung von Patent-, Warenzeichen- und Urheberrechtsverletzungen im internationalen Privat- und Zivilprozeßrecht, Diss., München 1968 (Diss.).

Weigel: Gerichtsbarkeit, internationale Zuständigkeit und Territorialitätsprinzip im deutschen gewerblichen Rechsschutz, Bielefeld 1973, Diss., Frankfurt/M. 1971 (Diss.).

Windisch: Gewerblicher Rechtsschutz und Urheberrecht im zwischenstaatlichen Bereich, Berlin 1969 (gewRS).

Wolff (Martin): Private International Law, 2. Aufl., Oxford 1950 (PIL).

— Das internationale Privatrecht Deutschlands, 3. Aufl., Berlin u. a. 1954 (IPR).

Zweigert / Puttfarken: Zum Kollisionsrecht der Leistungsschutzrechte, GRUR Int. 1973, 573 ff.

Entscheidungsverzeichnis

Aufgeführt werden nur das Urheberrecht betreffende Urteile mit ihren wichtigsten Fundstellen und Anmerkungen. Die Liste der Konkordanzen erhebt keinen Anspruch auf Vollständigkeit.

1. Gerichtshof der Europäischen Gemeinschaften

EuGH 08. 06. 1971 („Polydor"), Sammlung 1971, 487 ff.; *Schulze* EuGH Nr. 1.

2. Deutsche Gerichte

BVerfG 07. 07. 1971, E 31, 229 ff.; *Schulze* BVerfG Nr. 8 ff.; NJW 1971, 2163 ff.

RG 01. 10. 1883, St 9, 109.

RG 14. 11. 1894, Z 34, 46.

BGH 12. 02. 1952, Z 5, 116.

BGH 18. 05. 1955 („Grundig Reporter"), Z 17, 266; *Schulze* BGHZ Nr. 15; Ufita 20 (1955) 314 ff.

BGH 15. 04. 1958, Z 27, 90; Ufita 26 (1958) 90 ff.

BGH 13. 10. 1965 („Apfel-Madonna"), Z 44, 288; *Schulze* BGHZ Nr. 125.

BGH 14. 05. 1969, Z 52, 108.

BGH 16. 04. 1975 („August Vierzehn"), Z 64, 183; GRUR Int. 1975, 361 ff.; IPRspr 1975 Nr. 118; Anm. *Mezger* in rev.crit. 1977, 80 ff.

BGH 27. 01. 1978 („Buster-Keaton-Filme"), Z 70, 268; GRUR Int. 1979, 50 ff.; Ufita 83 (1978) 208 ff.

BGH 23. 06. 1978 („Jeannot"), GRUR 1978, 639 f.

OLG Hamburg 27. 03. 1958 („Bäckerkalender"), IPRspr 1958/59 Nr. 152.

OLG Hamburg 08. 10. 1970 („Polydor"), GRUR Int. 1970, 377 mit Anm. *Ulmer*.

OLG Koblenz 14. 07. 1967 („Liebeshändel in Chioggia"), *Schulze* OLGZ Nr. 93; GRUR Int. 1968, 164.

OLG München 25. 02. 1952, *Schulze* OLGZ Nr. 2; IPRspr 1952/53 Nr. 268.

OLG München 29. 04. 1954, *Schulze* OLGZ Nr. 8, mit Anm. *Ulmer*.

OLG München 21. 02. 1957, *Schulze* OLGZ Nr. 17 (= Hauptverfahren zu OLGZ Nr. 8).

OLG München 29. 01. 1959 („Le Mans"), IPRspr 1958/59 Nr. 153; GRUR Int. 1960, 75.

OLG München 26. 03. 1959, IPRspr 1958/59 Nr. 59.

OLG München 27. 08. 1964, *Schulze* OLGZ Nr. 61.

LG München I 21. 03. 1967, Ufita 54 (1969) 320.

LG München I 04. 07. 1972, IPRspr 1973 Nr. 108; Ufita 71 (1974) 253 f.

3. Französische Gerichte

Cass. 25.07.1887, S. 1888.1.17 mit Anm. *Lyon-Caen;* Clunet 15 (1888) 245 mit Anm. *Lepelletier.*

Cass. 22.12.1959 („Rideau de Fer"), D. 1960.93 mit Anm. *Holleaux;* Clunet 88 (1961) 420 mit Anm. *Goldman;* rev.crit. 1960, 361 mit Anm. *Terré;* Anm. *Desbois* in rev.trim.dr.com. 13 (1960) 351.

Cass. 28.05.1963 („The Kid"), J.C.P. 1963.II.13347 mit Anm. *Malaurie;* D. 1963. 677 mit Anm. *Holleaux.*

Cass. 29.04.1970, Clunet 97 (1970) 936 mit Anm. *Françon;* rev.crit. 1971, 270 mit Anm. *Batiffol.*

Cass. 15.12.1975, Clunet 103 (1976) 421 mit Anm. *Desbois;* rev.crit. 1976, 515 mit Anm. *Bonet.*

Paris (Cour d'Appel) 28.07.1932, Clunet 61 (1934) 641.

Paris 13.01.1953 („Rideau de Fer"), J.C.P. 1953.II.7667 mit Anm. *Plaisant;* rev.crit. 1953, 739 mit Anm. *Loussouarn;* rev.trim.dr.com. 6 (1953) 668 Anm. *Desbois.*

Paris 29.04.1959 („The Kid"), J.C.P. 1959.II.11134; Clunet 87 (1960) 140 mit Anm. *Goldman;* Gaz.Pal. 1959.I.264 mit conclusions *Combaldieu.*

Paris 03.06.1961, Gaz.Pal. 1961.II.16 mit conclusions *Desangles;* Clunet 89 (1962) 974 mit Anm. *Goldman;* Anm. *Desbois* in rev.trim.dr.com. 15 (1962) 66.

Paris 08.05.1963, Gaz.Pal. 1963.II.225; rev.crit. 1964, 265 mit Anm. *Desbois.*

Paris 24.04.1974, D.S. 1975.67 mit conclusions *Cabannes;* rev.crit. 1975, 440 mit Anm. *Bonet.*

Paris 20.01.1975, RIDA 84 (avril 1975) 207 ff.

Lyon (Trib.Gr.Inst.) 16.02.1961, rev.crit. 1962, 299 mit Anm. *Desbois;* Clunet 89 (1962) 974 mit Anm. *Goldman;* Schulze Frankreich Nr. 2 mit Anm. *Hirsch Ballin;* vgl. auch Desbois, GRUR Int. 1963, 196 ff.; ders., DdA 76 (1963) 225 ff.

Paris (Trib.Gr.Inst.) 15.11.1968, Clunet 97 (1970) 77 mit Anm. *Desbois;* rev.crit. 1969, 670 mit Anm. *Françon.*

Seine (Trib.civ.) 14.02.1931, Clunet 59 (1932) 113 mit conclusions *Picard.*

Seine (Trib.civ.) 06.12.1933, Clunet 61 (1934) 907; rev.crit. 1934, 420 mit Anm. *Niboyet.*

Seine (Trib.civ.) 15.02.1958, D. 1958.682; J.C.P. 1959.II.11133 mit conclusions *Souleau* und Anm. *Savatier.*

4. Andere Gerichte

Cass. (it.) 29.07.1958, Schulze Italien Nr. 3 mit Anm. *Fabiani.*

Mailand (Corte di Appello) 22.12.1965 („Esperanza"), GRUR Int. 1968, 167 mit Anm. *Auteri.*

Hoge Raad 13.02.1936, DdA 51 (1938) 83.

Novello & Co., Ltd. v. Hinrichsen Edition, Ltd., (1951) 1 All E.R. 779. (Ch.D.).

Campbell Connelly & Co., Ltd. v. *Noble,* (1963) 1 All E.R. 237. (Ch.D.)
American Tobacco Co. v. *Werckmeister,* 207 U.S. 284 (1907).
Oberstes Gericht der UdSSR 17. 08. 1959 („Conan Doyle"), RIDA 28 (juillet 1960) 172 ff.

Gesetzesverzeichnis

Frankreich: URG vom 11. 03. 1957, loi Nr. 57 - 298, J.O. vom 14. 03. 1957, S. 2723 ff. = DdA 70 (1957) 116 ff., 133 ff.

Frankreich: Code du Cinéma vom 27. 01. 1956, décret Nr. 56 - 158, J.O. vom 31. 01. 1956, S. 1267 ff.

Großbritannien: URG (Copyright Act) vom 05. 11. 1956, DdA 70 (1957) 33 ff., 53 ff. usw.

Irland: URG Nr. 10/1963, DdA 76 (1963) 157 ff., 183 ff.

Italien: URG vom 22. 04. 1941, DdA 54 (1941) 97 ff.

Luxemburg: URG vom 29. 03. 1972, DdA 85 (1972) 128 ff.

Niederlande: URG vom 23. 09. 1912 in der Fassung vom 27. 10. 1972, DdA 86 (1973) 189 ff.

USA: URG vom 19. 10. 1976, DdA 90 (1977) 150 ff., 191 ff. = Ufita 82 (1978) 317 ff. (deutsche Übersetzung).

Die Urheberrechtsgesetze *Österreichs* und der *Schweiz* befinden sich zusammen mit den internationalen Konventionen in der Textausgabe: Urheber- und Verlagsrecht, 5. Aufl., München 1974.

Umfassend ist die Loseblattsammlung: *Möhring / Schulze / Ulmer / Zweigert,* Quellen des Urheberrechts, Frankfurt/M.

Den Text der RBÜ (RomF, BrF, PF) und des WUA (1952 und PF) enthält: *Zweigert / Kropholler,* Quellen des internationalen Einheitsrechts, Band III, Leyden 1973.

Der französische Text der Berner Übereinkunft mit den Zusatzprotokollen und den revidierten Fassungen wird als Loseblattausgabe herausgegeben von der *Organisation Mondiale de la Propriété Intellectuelle:* Convention de Berne pour la protection des oeuvres littéraires et artistiques (Textes).

Printed by Libri Plureos GmbH
in Hamburg, Germany